U1018854

江苏省高级人民法院
公 报

GAZETTE OF THE HIGHER PEOPLE'S COURT OF JIANGSU PROVINCE

江苏省高级人民法院 编

法 律 出 版 社
——北 京——

图书在版编目(CIP)数据

江苏省高级人民法院公报. 2022年. 第3辑 : 总第81辑 / 江苏省高级人民法院编. -- 北京 : 法律出版社, 2022

ISBN 978-7-5197-6726-6

Ⅰ. ①江… Ⅱ. ①江… Ⅲ. ①法院-文件-汇编-江苏-2022 Ⅳ. ①D926.229

中国版本图书馆CIP数据核字(2022)第074093号

江苏省高级人民法院公报
(2022年第3辑:总第81辑)
JIANGSUSHENG GAOJI RENMIN FAYUAN GONGBAO
(2022 NIAN DI-3 JI:ZONG DI-81 JI)

江苏省高级人民法院 编

责任编辑 冯高琼
装帧设计 汪奇峰 贾丹丹

出版发行 法律出版社
编辑统筹 法规出版分社
责任校对 张红蕊
责任印制 耿润瑜
经　　销 新华书店

开本 A4
印张 4.75　**字数** 96千
版本 2022年12月第1版
印次 2022年12月第1次印刷
印刷 三河市兴达印务有限公司

地址:北京市丰台区莲花池西里7号(100073)
网址:www.lawpress.com.cn
投稿邮箱:info@lawpress.com.cn
举报盗版邮箱:jbwq@lawpress.com.cn

销售电话:010-83938349
客服电话:010-83938350
咨询电话:010-63939796

书号:ISBN 978-7-5197-6726-6
定价:15.00元

凡购买本社图书,如有印装错误,我社负责退换。电话:010-83938349

江苏省高级人民法院公报

2022 年第 3 辑(总第 81 辑)

司法文件

审判动态

参阅案例

裁判文书

任免决定

江苏省高级人民法院关于充分发挥司法职能作用服务保障全国统一大市场建设的指导意见

（苏高法发〔2022〕4号　2022年10月17日）

各市中级人民法院、南京海事法院，徐州铁路运输法院、各基层人民法院，本院各部门：

为认真贯彻落实《中共中央、国务院关于加快建设全国统一大市场的意见》《最高人民法院关于为加快建设全国统一大市场提供司法服务和保障的意见》《省委、省政府贯彻落实〈中共中央、国务院关于加快建设全国统一大市场的意见〉的实施意见》《省委办公厅、省政府办公厅关于印发江苏服务建设全国统一大市场任务清单的通知》，充分发挥司法职能作用，为加快建设全国统一大市场提供高质量司法服务和保障，结合工作实际，制定本指导意见。

一、总体要求

1. 重要意义和工作要求。加快建设高效规范、公平竞争、充分开放的全国统一大市场，是以习近平同志为核心的党中央从全局和战略高度作出的重大战略部署，是构建新发展格局的基础支撑和内在要求。全省法院要坚持以习近平新时代中国特色社会主义思想为指导，全面贯彻党的十九大和十九届历次全会精神，完整、准确、全面贯彻新发展理念，充分认识服务建设全国统一大市场的重要意义，切实把思想和行动统一到党中央重大战略部署上来，准确把握为加快建设全国统一大市场提供司法服务和保障的切入点、着力点，忠实履行宪法法律赋予的职责，统筹立审执各领域、各环节精准发力，有针对性地完善司法政策、创新工作机制、提升司法质效，充分发挥法治的规范、引领和保障作用，助力我省加快建设高标准市场体系，为加快建设全国统一大市场提供高质量司法服务和保障。

二、加强市场主体统一平等保护

2. 加强产权平等保护。坚持各类市场主体诉讼地位平等、法律适用平等、法律责任平等，健全统一规范的涉产权纠纷案件审判执行机制，依法平等保护各类市场主体合法权益。严格区分经济纠纷、行政违法与刑事犯罪，坚决防止将经济纠纷当作犯罪处理，坚决防止将民事责任变为刑事责任。依法惩治侵犯产权违法犯罪行为，健全涉案财物追缴处置机制，最大限度追赃挽损。强化善意文明执行理念，规范涉产权执行强制措施运用，严格规范涉案财产的保全和处置措施，依法区分违法所得和合法财产，审慎冻结基本账户，严禁超标的、违法查封财产，灵活采取“活封”“活扣”“活冻结”等措施，有效释放被查封财产使用价值和融资功能。健全侵犯产权违法犯罪线索移送机制，促进行政执法与刑事司法程序衔接顺畅。

3. 依法平等保护中外当事人合法权益。坚持中外当事人平等保护原则，充分发挥涉外审判职能作用，准确适用域外法律和国际条约、国际惯例，依法处置涉外商事纠纷，为中外市场主体提供及时有效的司法救济。加强司法协助工作，充分发挥司法协助平台作用，完善域外送达机制。全面实施外商投资准入前国民待遇加负面清单制度，准确适用外商投资法律法规，依法维护外商投资合同效力，促进内外资企业公平竞争。积极通过个案通报等方式，帮助企业增强合规经营意识和依法维权意识，提高“走出去”能力，更好参与国际竞争。

4. 完善市场主体救治和退出机制。坚持破产审判市场化、法治化、专业化、信息化方向，依法稳妥审理破产案件，促进企业优胜劣汰。充分发挥企业破产处置协调联动机制作用，推动健全财产查询解封、不动产处置等企业破产处置协调联动子机制。坚持精准识别、分类施策，对陷入财务困境但仍具有发展前景和挽救价值的企业，积极引导企业通过庭外和解、破产重整等程序解决债务危机，依法支持破产企业重整再生。深入推进“执转破”工作，加强执行程序与破产程序的衔接与融合，为推进“僵尸企业”市场出清提供有力司法保障。全面推开与个人破产制度功能相当的改革试点工作，依法合规开展个人债务集中清理，保障各方当事人的合法权益，为诚信的创业失利者提供再创业机会。

5. 依法及时兑现市场主体胜诉权益。进一步健全完善综合治理执行难工作大格局，落实省委全面依法治省委员会《关于加强综合治理从源头切实解决执行难问题的实施意见》，推进执行联动机制建设，加强源头治理执行难制度建设，推进“切实解决执行难”。进一步规范民事执行权，落实落细“854 模式”升级版要求，加强执行信息化建设，深化裁执分离改革，完善对执行权的监督制约机制，切实提高执行质效。推进落实委托审计调查、公证取证、悬赏举报等制度，防范和制止规避执行行为，依法严厉惩戒拒执行为。常态化开展涉民营企业专项执行行动，加大涉企案件执行力度，切实维护企业家合法权益。

三、助力实现市场高标准互联互通

6. 服务保障基础设施互联互通。依法处置运输合同等纠纷，充分保障货运物流畅通，推动完善我省“三横三纵”物流通道布局和“一极两翼多节点”的物流枢纽布局。依法处置重大交通基础设施建设引发的征收征用补偿纠纷，提升行政争议实质化解率，全力保障重大项目顺利推进和运营，助力长三角轨道交通、省际航道、世界级机场群与港口群建设。依法处置江海联运、海铁联运、海空联运、水陆联运等多式联运纠纷，助力打造东西双向开放的陆海联动新格局。

7. 保障市场交易安全。坚持自愿原则和鼓励交易原则，充分尊重当事人意思自治，准确把握合同无效情形，维护合同效力。依法处置合同违约纠纷，准确适用违约责任规则，引导各类市场主体增强契约意识。依法审理建设工程、房地产、矿产资源和市场准入合同纠纷案件，准确把握自然垄断行业、服务业等市场准入的放宽对合同效力的影响，落实“非禁即入”政策。依法审理各类涉新型交易模式案件，正确认定以财产或者财产性权利作为融资担保的新型担保合同的效力，增强企业融资能力。依法处置买卖、租赁、加工承揽等合同纠纷，保障产业链供应链稳定。

8. 促进市场信息交流互通。依法审理涉市场政府信息公开案件，支持行政机关依法公开市场主体、投资项目、产量、产能等信息，为各级政务服务平台和政府部门业务系统互联互通提供司法保障，推动实现市场主体信息数据共享共用。开展涉市场信息交易纠纷相关法律问题研究，依法稳妥审理相关案件，促进完善市场信息交互渠道，保障市场信息自由流通。

四、促进市场要素安全有序流通

9. 依法促进土地要素有序流通。依法审理涉及存量划拨土地资产产权确定、上市交易等案件，盘活利用土地资源。依法审理建设用地使用权转让、出租、抵押等纠纷案件，保障建设用地规范高效利用。依法审理国有土地使用权行政纠纷案件，对符合无偿收回情形的国有土地使用权，依法支持行政机关无偿收回。依法审理涉农村土地“三权分置”纠纷案件，促进集体土地承包经营权有序流转。依法审理农村集体经营性建设用地入市纠纷，支持加快建设同权同价、流转顺畅、收益共享的城乡统一建设用地市场。

10. 依法促进资本要素有序流通。依法审理金融借款合同、证券期货交易、票据纠纷等案件，规范资本市场投融资秩序。依法惩治操纵市场、内幕交易、非法集资、贷款诈骗、洗钱等各类金融领域犯罪，维护金融管理秩序。依法审理涉资本市场案件，依法严惩违规披露信息、欺诈发行股票等犯罪，维护公开、公平、公正的资本市场秩序。依法处置涉供应链金融、互联网金融、不良资产处置、私募投资基金等纠纷，助力防范化解金融风险。立足审判积极向监管部门提出意见建议，促进完善法律规制、补齐监管漏洞，推动资本市场综合治理。

11. 依法促进劳动力要素有序流通。依法审理劳动争议、平等就业权纠纷等案件，推动消除户籍、地域、身份、性别等就业歧视，促进劳动力高质量就业、人才高效配置。健全治理欠薪长效工作机制，畅通欠薪案件“快立、快审、快结、快执”绿色通道。加大欠薪案件审执力度，积极开展根治欠薪专项行动，依法严惩拒不支付劳动报酬违法犯罪行为，充分保障劳动者工资报酬权益。坚持保护劳动者合法权益和促进企业健康发展并重原则，增进与行业协会、工会、劳动仲裁等组织机构的沟通协调，畅通非诉纠纷化解渠道，推动构建和谐劳动关系。贯彻落实人社部、最高人民法院等《关于维护新就业形态劳动者劳动保障权益的意见》及省实施意见，支持和规范发展新就业形态，切实维护新就业形态劳动者劳动保障权益。

12. 依法促进技术和数据要素有序流通。加强科技成果专有权、使用权、处置权、收益权司法保护，依法处置因科技成果权属认定、权利转让、权利质押、价值认定和利益分配等产生的纠纷，依法支持科技创新成果市场化应用。根据数据产权非排他性和可再生性特征积极探索相关纠纷解决机制，依法保护数据权利人对数据控制、处理、收益等合法权益。依法审理涉及战略性新兴产业、现代服务业、新型基础设施建设等领域案件，助力培育高精尖特企业，服务产业数字化智能化转型和数字经济健康发展。依法审理因数据交易、数据市场不正当竞争等产生的各类案件，为培育数据驱动、共创共享的数据要素市场提供司法保障。

13. 服务建设全国统一的能源和生态环境市场。深化环境资源审判“9 + 1”机制改革，推进环境司法裁判规则体系化，完善环境资源审判组织机构。充分发挥司法在生态环境保护、资源循环利用方面的保障和指引功能，依法审理企业环境信息公开、涉碳绿色信贷、碳交易产品担保等纠纷案件，服务产业结构绿色优化升级，促进绿色金融市场健康发展。全面准确适用民法典绿色原则、绿色条款，研究梳理碳排放领域出现的新业态、新权属、新问题。依法审理涉及水资源、矿产资源、动植物资源等案件，严惩相关违法犯罪行为，推动资源合法有序开发利用。研究适用碳汇认购、技改抵扣等替代性赔偿方式，引导企业对生产设备和生产技术进行绿色升级。

五、服务保障建设高水平商品和服务市场

14. 坚持最严格知识产权司法保护。完善知识产权审判工作机制，深入推进知识产权“三合一”审判机制改革，健全知识产权案件跨区域管辖制度，深化构建案件审理专门化、管辖集中化和程序集约化的审判体系。严厉打击链条式、区域性、产业化知识产权犯罪行为，以及侵犯商业秘密、驰名商标及假冒混淆等侵权行为。严厉打击恶意取得、恶意使用、恶意侵害知识产权及恶意诉讼行为，规制滥用知识产权阻碍中小微企业创新与发展的不法行为。加大对“专精特新”中小微企业关键核心技术和原始创新成果的保护力度，支持引导企业通过技术进步和科技创新提升核心竞争力。畅通创新型中小企业知识产权保护渠道，优化立案、审理、执行程序，提高司法保护效率。深化知识产权执法司法联动机制，加强与公安、检察机关以及知识产权、市场监管、版权等部门沟通协调与程序衔接，推动知识产权行政执法与司法裁判标准统一。

15. 助力提升商品质量。积极参与省质量提升行动，坚决惩处制售假冒伪劣商品等违法犯罪行为，依法审理因商品质量引发的合同、侵权纠纷案件，助力国家质量品牌提升示范区创建，增强“江苏精品”“苏地优品”品牌知名度和影响力。依法严惩危害食品药品等直接关系群众健康和生命安全的犯罪，为落实最严谨标准、最严格监管、最严厉处罚、最严肃问责提供有力司法保障。依法审理涉产品质量行政纠纷案件，支持行政机关深化质量认证制度改革，加强全供应链、全产业链、产品全生命周期管理。严厉打击危害安全生产违法犯罪行为，做好涉安全生产案件分析研判，落实涉安全生产案件必发司法建议制度，切实保障生产安全。

16. 支持提升消费服务质量。依法审理产品质量、交通、旅游等涉及消费者权益纠纷案件，依法适用惩罚性赔偿制度，遏制侵害消费者权益的经营行为。依法处置住房、教育培训、医疗卫生、养老托育等纠纷，提高群众消费安全感和满意度。依法审理网络购物、网络直播带货、平台点餐等新兴网络消费案件，对于经营者利用格式条款、不规范促销等行为侵害消费者权益的，依法通过确认约定无效等裁判方式保护消费者合法权益。进一步完善消费者权益保护诉调对接机制，加强委托调解、特邀调解与司法确认力度，实现消费纠纷的快速解决和多元化解。优化消费纠纷案件审理机制，探索建立消费者权益保护集体诉讼制度，完善消费公益诉讼制度，推动建立消费者权益保护工作部门间衔接联动机制，促进消费纠纷源头治理。

六、推动市场监管公平统一

17. 保障市场监管规则统一。依法审理涉市场准入、不当市场干预等案件，遏制不当干预经济活动特别是滥用行政权力排除、限制竞争行为，促进落实全国统一的市场准入负面清单制度，助力构建系统完备、科学规范的市场监管法律规范体系。加强市场准入负面清单、涉企优惠政策目录清单等行政规范性文件的附带审查，推动行政机关及时清理废除含有地方保护、市场分割、指定交易等妨碍统一市场和公平竞争的规范性文件，推动破除区域分割、地方保护和各种隐性壁垒。在审理涉及行政许可、特许经营、政府采购、招投标监管等案件中，对含有地方保护、市场分割、指定交易等妨碍统一市场和公平竞争的地方性法规，谨慎予以适用。加强与检察机关协作，通过审理行政公益诉讼案件等，完善行政裁判规则，加强与市场监管执法部门沟通协作，推动行政机关统一市场监管领域执法标准。

18. 支持和监督市场监管执法。依法审理市场监管类行政案件，严格审查相关案件中的事实认定、法律适用和处罚程序，督促市场监管部门加强事中事后监管，激发市场深层潜力。准确适用新行政处罚法，推动行政机关规范从轻、减轻行政处罚以及“首违不罚”“教育为主、处罚为辅”原则的适用条件和标准，让市场主体依法一体享受“柔性”监管政策。支持和监督行政机关平等对待行政许可申请人，不得法外增设条件。对于发现的行业监管薄弱环节，及时发送司法建议，促进完善行政执法、堵塞监管漏洞、净化市场环境，推动形成权责明确、透明高效、公正统一的市场监管格局。

19.加大行政行为司法审查力度。加大对行政处罚的审查力度，坚持全面审查原则，注重合法性和合理性审查，严格审查处罚的职权依据和程序合法性，促使行政处罚正当、必要、适度，慎用顶格罚。加大对行政征收征用的审查力度，严格审查征收征用的职权依据、法定程序、征收范围、安置补偿方式，有效规范征收征用中超越职权、滥用职权、程序违法、补偿不合理等侵害相对人合法利益问题。加大对行政协议的审查力度，避免"新官不理旧账"以及行政机关单方违约等行为，依法规制行政机关违法单方变更及不予补偿等行为，防止行政主体恣意违约侵害相对人的合法权益。

七、依法维护统一的市场竞争秩序

20.依法打击垄断行为。加大司法反垄断力度，严厉打击实施垄断协议、滥用市场支配地位等行为，助力加强自然垄断环节、要素市场以及医药、公用事业等民生领域反垄断监管。加强对平台企业垄断的司法规制，推动落实平台企业并购行为依法申报义务，防止"掐尖式并购"，促进平台经济平稳健康发展。加强沟通协作，健全执法司法衔接机制，支持反垄断行政执法机关依法履职，推动形成打击垄断工作合力。

21.依法打击不正当竞争行为。着力强化反不正当竞争司法，加大民生消费领域反不正当竞争司法力度，严厉打击商业混淆、虚假宣传、商业诋毁、商业贿赂等不正当竞争行为。依法惩治强揽工程、串通投标、强迫交易以及故意损害商业信誉等破坏公平竞争的犯罪，依法审理互联网、大数据、人工智能等新业态新领域知识产权案件，严惩强制"二选一"、低价倾销、强制搭售、屏蔽封锁、刷单炒信等违法行为。依法认定经营者滥用数据、算法、技术、资本优势以及平台规则等排除、限制竞争行为，防止资本无序扩张，保护中小微企业生存发展空间。

22.依法惩处扰乱市场秩序的违法犯罪行为。依法惩处侵犯各类市场主体及其经营者合法权益的金融诈骗、合同诈骗、商业贿赂等犯罪，全力维护市场经济秩序。依法惩处逃税、抗税、骗税、虚开增值税专用发票等违法犯罪行为，加大对利用"阴阳合同"逃税、文娱领域高净值人群逃税等行为的惩处力度。加强与税务、公安等部门执法司法协同，推动完善税收监管制度。积极参与"净网""断卡"等专项行动，依法惩处利用信息网络扰乱市场秩序的违法犯罪行为。

23.助力诚信社会建设。营造守法践诺的市场环境，依法有效打击恶意拖欠账款和逃废债行为，依法严惩合同诈骗、串通招投标、商业贿赂等犯罪，支持引导市场主体依法诚信经营。推进诉讼诚信建设，落实防范和打击"套路贷"虚假诉讼"333"工作机制，依法严惩通过虚假诉讼手段诈骗财物等行为。联合发改委、市场监管等部门，健全完善失信惩戒机制，强化信用约束和失信联合惩戒，细化信用惩戒分级制度，精准适用失信惩戒和限制消费措施，切实提高信用惩戒实际效果；建立健全失信预警、纳失宽限期、恢复信用证明等机制，为企业信用修复创造良好条件。

八、建立健全工作机制

24. 加强组织领导。全省各级法院要把服务保障加快建设全国统一大市场作为重大政治任务，列入党组重要议事日程，及时研究解决工作推进中的新情况新问题，对是否存在妨碍全国统一大市场建设的规定和实际情况开展自查清理。压紧压实全省各级法院及本院各部门的责任，按照各自职能及任务分工，切实抓好统一大市场各项工作落地落实。上级法院要采取专项检查、案件督办、听取汇报等方式，加强对下级法院服务保障全国统一大市场建设工作的检查指导。通过教育培训、案例指导、交流研讨等形式，加强审判业务指导。加大统筹协调力度，加强与检察、公安机关及相关职能部门的协作，形成推动全国统一大市场建设工作合力。

25. 完善工作机制。完善统一法律适用机制，通过类案检索初步过滤、专业法官会议研究咨询、审判委员会讨论决定，构建多层次、立体化法律适用分歧解决机制。深化长三角、淮海经济区等区域合作，开展跨区域司法协作，实现司法信息共享、标准统一。完善多元解纷机制，推动涉全国统一大市场建设相关矛盾纠纷系统治理、综合治理、源头治理，切实降低市场主体纠纷解决成本，充分发挥“江苏微解纷”平台作用，完善司法调解与人民调解、行政调解联动体系，强化涉全国统一大市场建设案件诉讼与非诉讼实质性对接。深化一站式多元解纷和诉讼服务体系建设，积极融入各级社会治理现代化智慧中心、综治中心、网格化管理服务中心一体化建设；深化“家门口”式诉讼服务体系建设，丰富便民利民司法举措。大力推进在线诉讼，加大在线视频调解力度，建立健全劳动争议、金融保险、证券期货、知识产权等专业化调解机制，实现涉全国统一大市场建设相关矛盾纠纷依法高效解决。

26. 强化工作保障。中基层法院要结合本地区经济社会发展实际，推出有针对性司法措施，确保服务保障全国统一大市场建设工作落地见效。加大知识产权、环境资源、涉外法治、破产、金融、反垄断等领域高层次审判人才培养力度，培养一批具备市场化思维的审判业务专家。强化调研机制，坚持问题导向，充分用好人民法院各类研究平台和资源，加强对服务保障全国统一大市场建设有关重大问题的调查研究。推进互联网、大数据、人工智能、区块链与审判执行工作深度融合，充分运用新技术手段实现司法服务保障水平提升。认真总结司法服务保障全国统一大市场建设的好经验好做法，全媒体、多角度、立体化做好宣传、总结、推广，为加快建设全国统一大市场营造良好舆论氛围。

江苏省高级人民法院印发《关于充分发挥中级人民法院审级监督指导作用切实提高民商事、行政纠纷实质化解水平的指导意见（试行）》的通知

（苏高法〔2022〕91号　2022年4月28日）

各市中级人民法院、南京海事法院，徐州铁路运输法院、各基层人民法院，本院各部门：

为推进全省法院审级职能定位改革试点，进一步发挥中级人民法院二审有效终审、精准定分止争职能作用，省法院研究制定了《关于充分发挥中级人民法院审级监督指导作用切实提高民商事、行政纠纷实质化解水平的指导意见（试行）》，现予印发。请认真学习领会，抓好贯彻落实。

关于充分发挥中级人民法院审级监督指导作用切实提高民商事、行政纠纷实质化解水平的指导意见（试行）

为推进全省法院审级职能定位改革试点，进一步发挥中级法院二审有效终审、精准定分止争职能作用，强化中级法院审级监督指导实效，提升民商事、行政案件服判息诉率，努力在中级法院审级实现纠纷实质化解、案结事了，制定如下指导意见。

一、总体要求

1. 强化案结事了工作意识。中级法院要准确把握二审有效终审、精准定分止争职能要求，把案结事了、服判息诉工作贯彻到立案、审判、执行、信访等各个环节，努力做到二审有效解决纠纷。

2. 强化审级监督指导工作职责。中级法院要深刻认识发挥审级职能作用的重要性，强化对基层法院服判息诉工作的监督指导，定期发布中基层法院审判态势分析

报告，调研分析数据背后的问题、原因，提出下一步的工作建议，指导基层法院加强案件实质化解，尽可能减少上诉，着力把纠纷化解在基层。

3. 强化服判息诉工作责任。中级法院要把做好民商事、行政案件实质化解工作摆到重要位置，加强组织领导，完善工作机制，压实工作责任。要把服判息诉工作情况纳入审判执行工作综合考评指标体系，加大对基层法院、中级法院各业务部门一、二审服判息诉率等重点指标的考核力度。

二、着力提升案件质量，筑牢服判息诉工作基础

4. 提升案件裁判质量。中级法院要严格证据采信和事实认定，充分发挥庭审查明事实、认定证据、保护诉权、公正裁判的重要作用；准确理解法律规则，正确适用法律规范，强化情理法兼融，避免就案办案、机械办案。通过严把案件证据关、事实关、程序关和法律适用关，做到认定事实清楚，证据确实充分，适用法律准确，审判程序合法，实体裁判处理公正，筑牢服判息诉的裁判基础。

5. 提高法律文书制作质量。中级法院要提高法律文书制作质量，把好事实认定、法律适用、文书说理、文字校核等各环节，避免因法律文书瑕疵产生衍生案件。中级法院在裁判文书说理中可以根据案件审理所适用的程序、疑难复杂程度、诉讼各方的情况，做到繁简适当；根据案情需要，可结合法律原意，运用社会主义核心价值观进一步明晰法律内涵、阐明立法目的、论述裁判理由，讲清裁判的事理、法理、情理，努力做到辨法析理、胜败皆明，促进“法结”“心结”同解。要通过开展裁判文书评比等活动，鼓励法官撰写高质量裁判文书。

6. 规范案件办理程序。中级法院要规范从立案到结案、归档等各个环节的时限要求和工作标准，增强责任意识，细化工作标准，强化审限监管，严格按照有关诉讼程序规定推进诉讼进程，提高办案效率，缩短办案周期，减少当事人诉累。要完善二审案件开庭审理机制，除经过阅卷、调查和询问当事人，没有提出新的事实、证据或者理由，中级法院认为不需要开庭审理的案件外，对二审案件应当开庭审理。

7. 妥善办理改判、发回重审案件。中级法院要坚持依法纠错原则，对案件事实清楚、适用法律正确的一审裁判予以维持；对确实存在错误的一审裁判予以纠正。一审判决、裁定认定事实或适用法律虽有瑕疵，但裁判结果正确的，中级法院可以在判决、裁定中纠正瑕疵后维持原判决、裁定。要完善发改案件沟通机制，对二审拟改判或发回重审的案件，应在作出裁判前与一审法官沟通拟改判、发回重审的理由和依据，充分了解掌握一审裁判考虑的实际情况，提升发改案件审理质量和效果。

三、加强审判监督指导，提升服判息诉工作水平

8. 加强审判质量监督管理。中级法院要切实发挥审判委员会、院长、庭长、审判管理部门等各个层级、不同层面的审判质量管理职能。要认真落实常态化案件质量评查、审判质量讲评、执法监督检查等制度，定期开展案件质量评查，及时发现案件办理中存在的问题，深刻剖析原因，提出预防整改举措，并在全市法院范围内通报，实现以评查促整改的目的。要落实违法办案责任追究机制，对于违反审判职责的人员，依照有关规定予以处理。

9. 加强审判业务指导。中级法院要通过审理案件、发改案件分析、典型案例发布、疑难案件专题研讨、条线法官会议、法官培训等方式，加强对基层法院的业务指导。要加大对常见性、多发性问题的点评、讲评力度，针对改判发回重审率较高、服判息诉率较低的重点类案，通过案件质量分析、个案讲评等方式，研究影响案件质量效率的突出问题，帮助基层法院解决案件审理中遇到的困难和问题，切实提高基层法院审理案件的质量。

10. 切实防范类案不同判。中级法院要畅通法律适用不统一情形的发现途径，通过集中比对裁判文书、专项评查案件、在案件审理中加强审查等手段，及时发现、总结法律适用不统一问题。要充分发挥审判委员会、专业法官会议对案件质量的把关和监督作用，及时统一裁判标准。要加强类案检索工作，规范类案检索结果运用，定期梳理分析辖区基层法院和中级法院各业务部门类案裁判情况，确保辖区内裁判标准的统一，增强裁判的稳定性和可预测性，提升裁判结果的可接受性。

四、推进纠纷实质化解，增强服判息诉工作实效

11. 提升纠纷化解成效。中级法院在立案、审判等各个环节，要做实做强诉讼调解、法律释明、判后答疑等工作，努力消除当事人因对裁判结果不理解而引发的不满情绪，尽最大努力化解矛盾纠纷。要在二审中树立“能调则调、当判则判”的工作导向，积极利用已建立的各种联动调解机制，努力促成诉讼双方定分止争、调解结案、及时主动履行；要建立健全基层法院调解和中级法院调解衔接机制，基层法院法官将调解未成功但仍存在调解可能的案件在卷宗中备注，指出争议问题和症结所在，便于中级法院法官了解情况，接续开展调解工作。要强化释法说理工作，对争议较大、社会关注度高、易引发舆情、涉群体利益等案件，以及上诉理由明显不能成立的案件，做好答疑解惑和心理疏导工作。要重视并加大对基层法院诉前风险预判、调解、释法引导等工作的指导、支持和帮助力度，力争矛盾不扩大、不激化、不上交。

12. 切实规范司法行为。中级法院要加强辖区基层法院和中级法院各部门司法作风建设，在立案、保全、送达、开庭、谈话、执行、调查取证、信访接待、值班安检等各类活动中，注重司法礼仪，保持客观中立，避免因言行举止行为不当等导致当事人产生不信任，努力提升人民群众对法院工作的满意度。

13. 提高服判息诉工作能力。中级法院要根据定分止争、案结事了的目标要求，大力提升中基层法院法官执行政策、查明案件事实、适用法律、辨法说理、调解协调等多种能力，努力从根本上化解矛盾纠纷。要充分发挥老法官“传帮带”作用，通过结对指导、言传身教，进一步提升年轻法官有效解纷、服判息诉工作能力。

江苏省高级人民法院关于推进行政诉讼程序繁简分流改革的工作指引

（江苏省高级人民法院审判委员会会议纪要〔2022〕3号
自2022年6月1日起施行）

为贯彻落实《最高人民法院关于推进行政诉讼程序繁简分流改革的意见》，进一步优化全省法院行政审判资源配置、推动行政争议实质性化解，结合四级法院审级职能定位改革试点要求，根据《中华人民共和国行政诉讼法》（以下简称行政诉讼法）以及《最高人民法院关于适用〈中华人民共和国行政诉讼法〉的解释》等相关规定，从本省实际出发，制定本工作指引。

一、总体要求

1. 全省各级人民法院应当严格贯彻落实最高人民法院关于行政案件繁简分流改革的相关意见，健全行政案件繁简分流机制，完善行政诉讼简易程序适用规则，推进立案环节行政诉讼案件甄别分流、轻重分离、快慢分道，严格规范审理繁案，依法快速审理简案，全面提升行政审判质效和司法公信力。

2. 全省各级人民法院推进行政诉讼程序繁简分流改革，应当遵循司法规律，坚持以下原则：

（1）行政诉讼程序有效分流与繁简得当相结合；

（2）实质化解行政争议与提升审判质效相结合；

（3）加大改革力度与尊重当事人的意愿相结合；

（4）关注整体改革进度与鼓励探索创新相结合。

3. 第一审人民法院立案庭负责对行政诉讼案件进行繁简甄别分流，确定专门人员负责程序分流，依据分类标准识别案件。对于繁简程度难以准确判断的案件，可以征求行政庭等审判业务部门意见。

4. 全省各级人民法院可以探索专业化审判组织建设，在行政庭等审判业务部门内设立快审、速裁等形式的简案审判团队，专门审理适用简易程序或者相对简单的行政案件；暂不具备条件的法院，可以确定相对固定的人员负责该类案件审理。

二、构建行政争议诉前分流机制

5. 全省各级人民法院应当进一步完善行政诉讼与行政复议、行政裁决等非诉讼解纷方式的对接机制，加强行政争议多元化解平台建设，探索建立诉前和解机制，促进行政争议诉前分流；探索与相关行政机关协同开展诉调对接工作，共同推进行政争议调处机制建设，强化行政争议诉源治理。

6. 对于行政诉讼法规定可以调解的案件、行政相对人要求和解的案件、通过和解方式处理更有利于行政争议实质性化解的案件，人民法院在尊重各方当事人意愿的基础上，可以依托诉调对接工作平台引导当事人自行和解或者通过第三方进行调解，促进行政争议诉前分流，不断完善行政争议多元化纠纷解决机制。

开展诉前调解应在调解平台上进行，并编立相应的诉前调解案号。

诉前调解自人民法院收案之日起原则上不超过三十日；各方当事人共同申请继续调解的，可以适当延长期限，但最长不超过三十日。

7. 经诉前调解达成调解、和解协议，当事人可以自调解、和解协议生效之日起三十日内，共同向对调解、和解协议所涉行政争议有管辖权的人民法院申请司法确认。人民法院应当依照行政诉讼法第六十条规定进行审查，调解、和解协议符合法律规定的，出具行政诉前调解书。

人民法院经审查认为，调解、和解协议具有下列情形之一的，应当裁定驳回申请：

（1）不符合行政诉讼法第六十条规定的可以调解的行政案件范围的；

（2）违背当事人自愿原则的；

（3）违反法律、行政法规或者地方性法规强制性规定的；

（4）违背公序良俗的；

（5）损害国家利益、社会公共利益或者他人合法权益的；

（6）内容不明确，无法确认和执行的；

（7）存在其他不应当确认情形的。

人民法院裁定驳回确认申请的，当事人可以就争议事项所涉行政行为依法提起行政诉讼。

8. 当事人拒绝调解或者未达成和解、调解协议，符合法定立案条件的，人民法院应当依法及时登记立案；不得以调解未成功为由，拖延立案、拒绝立案。

9. 诉前调解过程中，对于当事人没有争议的事实应当记入调解笔录，并由当事人签字确认。

经当事人同意，在调解过程中已确认的无争议事实，在审理过程中不再进行举证、质证，但有相反证据足以推翻的事实除外。

三、完善简易程序适用规则

10. 第一审人民法院适用简易程序审理下列事实清楚、权利义务关系明确、争议不大的案件：

（1）被诉行政行为是依法当场作出的；

（2）案件涉及款额二千元以下的；

（3）属于政府信息公开案件的。

对于前款列举的案件类型，人民法院向当事人发送受理案件材料时，应当一并送达《简易程序审理通知书》，直接告知审理方式、审理期限等事项。

11. 第一审人民法院可以适用简易程序审理下列事实清楚、权利义务关系明确、争议不大的案件：

（1）当事人不服行政复议机关作出的不予受理或者程序性驳回复议申请决定提起诉讼的；

（2）当事人不服行政机关作出的不予受理工伤认定申请决定、中止工伤认定决定提起诉讼的；

（3）当事人不服投诉举报处理答复或者未予答复提起诉讼的；

（4）案件涉及款额二千元以上、一万元以下的；

（5）起诉时已经有示范生效裁判的；

（6）其他可以适用简易程序的案件。

对于前款列举的案件类型，人民法院向当事人发送受理案件材料时，应当一并送达《适用简易程序建议书》，征求当事人意见。当事人不同意适用简易程序审理的，应当自收到建议书之日起五日内向人民法院提出；逾期未提出异议的，人民法院可以按照简易程序进行审理。当事人提出书面异议的，人民法院应当按照普通程序审理，并及时告知其他方当事人。

依照本条规定按照简易程序进行审理的案件，审理期限从当事人异议期满之次日开始起算。

12. 人民法院一般不适用简易程序审理下列案件：

（1）请求一并解决民事争议的案件；

（2）请求一并审查规范性文件的案件；

（3）涉及群体性纠纷案件或者社会影响大的案件；

（4）行政公益诉讼案件；

（5）涉外、涉港澳台的案件；

（6）其他不能适用简易程序审理的案件。

13. 第一审人民法院确定适用简易程序审理的案件，立案庭应当在立案后二日内将案件移送至行政庭等审判业务部门。行政庭等审判业务部门应当在立案后五日内将起诉状副本、应诉及举证通知书等送达被告及其他当事人。

当事人均表示同意缩短或者不需要答辩期间、举证期限的，人民法院可以直接确定开庭日期，不受答辩、举证期限的限制。

14. 适用简易程序审理的案件，承办法官在开庭前应当熟悉诉讼材料，归纳无争议事实、诉辩意见及争议焦点，明确审理思路与重点，检索相关法律规范，必要时列明庭审提纲。

开庭准备阶段，可以由法官或者书记员核实当事人身份、告知权利义务、进行证据交换、宣布庭审纪律、征求当事人是否申请回避以及是否用庭审录音录像代替法庭笔录等，开庭审理时，上述程序不再重复进行。

15. 适用简易程序审理的案件，在依法保障当事人诉讼权利的情况下，应当简化庭审程序，一般按照以下程序进行：

（1）确定争议焦点；

（2）诉辩结合，法庭调查和辩论直接围绕争议焦点展开；

（3）最后陈述；

（4）当庭宣判或者宣布休庭、择期宣判。

适用简易程序审理的案件，应当一次开庭审结，但人民法院认为确有必要再次开庭的除外。

16. 适用简易程序审理的案件，法庭笔录应当适当简化。

具备条件的人民法院可以在开庭审理前书面告知以庭审录音录像替代法庭笔录，经当事人同意的，可以不再制作法庭笔录。

17. 适用简易程序审理的案件，人民法院可以探索要素式等简式裁判文书，结合被诉行政行为合法性的审查要素和当事人争议焦点，对诉讼请求、诉辩意见、核心事实等进行高度概括。对于当事人没有争议的事实，简要叙述主体、内容、证据名称等要素，不必详细载明举证、质证和认证情况；但裁判理由、裁判依据和裁判主文、上诉权利告知等必要内容，不得过度简化。

适用简易程序审理的案件，裁判文书由承办法官自行签发。

18. 适用简易程序审理的案件，由审判员一人独任审理，并应当在立案之日起四十五日内审结。

审理期限内无法审结的，转为普通程序审理，审理期限自人民法院立案之日起计算。之前已经经过的诉讼行为继续有效，当事人已经确认的事实，可以不再举证、质证。涉及审判组织转换的，除非存在回避等事宜，原独任法官一般继续参加案件的审理。

19. 适用简易程序审理的案件，审理过程中发现不宜适用简易程序的，承办法官应当于审理期限届满前提出意见，按照规定经讨论或者报批，裁定转为普通程序审理，并将合议庭组成人员等事项及时通知当事人。

经裁定由简易程序转为普通程序的案件，不得再转为简易程序审理。

四、探索普通程序简化审理

20. 全省各级人民法院适用普通程序审理的事实清楚、权利义务关系明确、争议不大的案件，在送达流程、庭审方式等方面可以参照简易程序优化审理方式，进行简化审理。

全省各级人民法院对上述案件可以适当简化裁判文书，避免裁判文书中的内容在不同审级间不必要的重复。但应当包含当事人基本信息、案件由来、诉讼请求和理由、裁判理由、裁判依据和裁判主文等必要内容。

21. 第一审人民法院经过阅卷、调查或者询问当事人，对于下列不符合法定起诉条件的案件，可以迳行裁定驳回起诉，但需要开庭审理查明相关事实的除外：

（1）属于《最高人民法院关于适用〈中华人民共和国行政诉讼法〉的解释》第六十九条第一款所列举情形的；

（2）当事人请求被告履行的职责，明显不属于被告法定职责范围的；

（3）当事人就相同的诉讼请求或者同类事项提起诉讼，明显不当行使诉权的；

（4）其他可以迳行裁定驳回起诉的案件。

22. 第二审人民法院审理下列上诉案件，上诉人没有提出新的事实、证据或者理由，除确有必要开庭的，可以依照行政诉讼法第八十六条规定，通过阅卷、调查或者询问当事人等方式审理：

（1）一审适用简易程序审结的；

（2）当事人不服不予立案、驳回起诉、管辖权异议裁定的；

（3）当事人认为一审裁判适用法律法规错误，或者仅对判决方式或者诉讼程序有异议提起上诉的；

（4）当事人仅对被诉行政行为的行政程序有异议提起上诉的；

（5）其他可以简化审理程序的上诉案件。

23. 对于当事人申请再审的案件，人民法院实行书面审查为原则，依据行政诉讼法第九十一条规定，结合当事人的再审请求及理由进行审查。

下列申请再审案件，人民法院可以简化审理：

（1）一审适用简易程序审结的；

（2）当事人不服不予立案、驳回起诉、管辖权异议裁定的；

（3）当事人没有提出具体的申请再审事由或者没有提出新的证据的；

（4）当事人仅以原审法院违反法定审判程序为由申请再审的；

（5）一、二审法院适用法律基本一致，当事人仅对法律适用提出异议的；

（6）其他可以简化审理程序的申请再审案件。

五、其他规定

24. 全省各级人民法院在经当事人同意的前提下，可以通过信息网络平台在线进行行政诉讼活动。

行政诉讼活动通过信息网络平台在线进行的，与线下诉讼活动具有同等法律效力。

25. 全省各级人民法院在依法保障当事人诉讼权利的前提下，经当事人同意的，可以采用能够确认其收悉的电子方式送达诉讼文书。通过电子方式送达的判决书、裁定书、调解书，当事人提出需要纸质文书的，人民法院应当提供。

送达流程等可以形成书面材料的，应当完整存入卷宗；无法形成书面材料的，由经办流程的法官、法官助理或者书记员制作工作记录存入卷宗。

26. 全省各级人民法院应当依法规范审理新类型、疑难复杂、涉及群体性、社会影响大的各类繁案，严格遵守法定审理程序、规范繁案审查规则、明确繁案定案机制、加强文书裁判说理，注重对各类繁案的审判经验总结及成果转化，发挥其对类案审理的指导功能。

27. 全省各级人民法院对于当事人分别提起诉讼的系列性或者群体性行政案件，可以分配至同一审判团队或者同一承办法官实行集中排期、开庭、审理、宣判；也可以选取个别或者少数案件先行示范裁判，形成具有指导意义的裁判文书，为其他同类案件提供审判参考，通过个案示范处理带动批量案件高效解决。

28. 全省各级人民法院应当不断优化行政审判资源配置，提高行政审判效率，合力化解矛盾纠纷，全程注重行政争议的实质性化解。鼓励中基层人民法院结合本辖区工作实际情况，在推进行政诉讼程序繁简分流改革的工作机制和方法等方面作出创新性规定，持续深化行政诉讼机制改革。

29.《最高人民法院关于推进行政诉讼程序繁简分流改革的意见》及本工作指引未作规定的，可以参照适用民事诉讼法及司法解释的相关规定。

30. 本工作指引适用于全省各类行政诉讼案件，自 2022 年 6 月 1 日起施行。

江苏省高级人民法院　江苏省工程造价管理协会关于印发《关于建立建设工程价款纠纷联动解纷机制的意见》的通知

（苏高法〔2022〕126 号　2022 年 6 月 23 日）

各市中级人民法院、各市工程造价管理协会：

为依法服务建筑业持续健康发展，妥善化解建设工程合同价款纠纷，江苏省高级人民法院与江苏省工程造价管理协会共同制定了《关于建立建设工程价款纠纷联动解纷机制的意见》，现予印发，请认真贯彻执行。

关于建立建设工程价款纠纷联动解纷机制的意见

为有效解决建设工程领域专门性争议问题，推动建设工程价款纠纷诉前化解，破解建设工程案件审理周期长难题，根据“分调裁审”机制改革和深化多元解纷机制建设工作要求，江苏省高级人民法院、江苏省工程造价管理协会经充分协商，现就建立建设工程价款纠纷联动解纷工作机制提出以下意见。

1. 指导思想和目标任务。认真贯彻习近平总书记“把非诉讼纠纷解决机制挺在前面”重要指示精神，坚持加强诉源治理，推动建设工程价款纠纷诉前化解。以人民法院调解平台 · 江苏微解纷为依托，以“分调裁审”为主线，以第三方调解、专家辅助人介入、司法鉴定委托前置等举措为着力点，探索建立人民法院与行业组织“联动配合、非诉挺前”的解纷模式，助力审判环节“简案速裁”“繁案精审”，推动建设工程价款纠纷专门性争议问题妥善解决，促进建筑市场持续稳定发展。

2. 工程价款纠纷诉前解纷的引导。对起诉到人民法院的涉建设工程价款纠纷，当事人同意调解的，人民法院纳入诉前调解平台管理。人民法院诉讼服务部门负责此类纠纷诉前解纷引导工作，相关审判业务部门指派建设工程类案审理法官跟踪进行法律指导。

全省各级人民法院依法确认江苏省工程造价管理协会或相应市级工程造价管理协会为人民法院特邀调解组织（下称特邀调解组织），依法确认省工程造价管理协会推荐的成员单位中具有高级专业技术职称且具有国家一级注册造价工程师执业资格的人员为人民法院特邀调解员，督促指导特邀调解组织、特邀调解员严格遵守诉前调解回避制度。

人民法院向当事人释明建设工程价款纠纷诉前解纷的主要内容、解纷优势以及诉讼风险，按照自愿、合法原则引导当事人在诉前调解平台积极解决专门性争议事项，接受或者寻求特邀调解组织参与的诉前调解等非诉讼方式化解纠纷。

3. 工程价款纠纷诉前解纷的分流。对于诉至法院的涉建设工程价款纠纷，由人民法院诉讼服务部门综合审查当事人诉讼材料并征询当事人意愿进行分流。

诉讼材料涉及专门性争议问题的，人民法院委派特邀调解组织、特邀调解员调解，并结合化解工作实际为纠纷解决提供相应司法保障。

当事人在诉前调解阶段申请财产保全，人民法院依法采取保全措施后30日内当事人未能达成调解协议的，人民法院诉讼服务部门应当予以立案，依法将当事人的起诉转入诉讼程序。

4. 工程价款纠纷诉前调解的确认。诉前调解形成的调解笔录、达成的调解协议，应当由各方当事人、调解参与人及特邀调解员共同签名盖章、注明形成日期并存档。

特邀调解组织应当在调解结束后5个工作日内向人民法院诉讼服务部门书面报送调解情况，相关调解材料应当立卷成册，以备移交。

诉前调解达成协议的，当事人可于调解协议生效之日起30日内向有管辖权的人民法院申请司法确认。经诉前调解未达成调解协议的，特邀调解组织应当与人民法院诉讼服务部门及时对接，人民法院诉讼服务部门应当及时转立诉讼案件，移送相关审判业务部门审理。

5. 诉前调解中无争议事项的固定。诉前调解中，对于当事人无争议的事实，应当记录在案，由当事人签字确认；对于当事人无争议的证据，应当列明清单，由当事人签字确认并存档。

诉前调解不成的，特邀调解组织应书面告知当事人，上述无争议的事实和证据将作为人民法院认定事实的依据。对于诉前调解阶段固定的无争议事实和证据，诉讼中当事人无需再行举证，但涉及损害国家利益、社会公共利益、恶意串通损害第三人合法权益或有相反证据能够推翻的除外。

6. 专家辅助人诉前调解的介入。当事人在诉前调解中可以聘请工程造价管理协会成员单位中具有高级专业技术职称的人员作为专家辅助人提供专业咨询，参与证据交换、现场勘验等工作，帮助当事人对纠纷处理过程和结果形成合理预测，促进纠纷诉前达成调解。但特邀调解员任职期间不得接受当事人聘请担任专家辅助人。

当事人起诉时明确就专门性问题申请司法鉴定，且对鉴定项目、鉴定资料等没有异议或者虽有异议但争议较少的，人民法院应当引导当事人委托专家辅助人为其提出意见。

7. 诉前委托司法鉴定的开展。诉前调解中专家辅助人介入后各方仍无法形成共识、必须通过委托鉴定解决专门性问题，相关当事人提出鉴定申请的，审判业务部门指派建设工程类案审理法官对鉴定的必要性和可行性进行审查。

确需委托鉴定的，建设工程类案审理法官应当组织各方当事人对鉴定资料进行质证，对有争议的鉴定资料能否作为证据做出判断，并记录在案。

诉前委托鉴定的程序与要求，按照法律法规、司法解释关于诉讼中委托鉴定的有关规定执行。诉前鉴定意见与诉讼中委托鉴定意见具有同等证据效力。

8. 工程价款纠纷诉前调解的时限。建设工程价款纠纷诉前调解时限，按照诉前调解一般规定时限为 30 日。各方当事人同意延长的，不受上述调解时限的限制。

诉前调解时限，自特邀调解组织签收人民法院移交调解材料之次日起算。诉前委托鉴定期限不计入诉前调解时限。

9. 诉前调解与诉讼审理的衔接。经诉前调解未达成协议而转立的诉讼案件，一般由审判业务部门参与诉前调解指导的建设工程类案审理法官主审。

审判业务部门经审理认为事实清楚、证据充分的案件，应依“简案速裁”要求及时做出裁判；对于争议焦点较多的复杂案件，应按“繁案精审”要求，提高审判效率，依法做出裁判。

审判业务部门审理建设工程价款纠纷案件，根据工作需要亦可委托特邀调解组织参照诉前调解工作机制进行调解。参照诉前调解机制调解的期限不计入审限。

10. 加强联动解纷工作组织领导。全省各级人民法院应将建设工程价款纠纷联动解纷工作纳入法院一站式多元解纷机制建设一体推进，参照本意见制定符合本地实际的实施细则。

全省各级人民法院、省工程造价管理协会应当积极争取财政支持，为建设工程价款纠纷联动解纷工作顺利实施提供必要的办公和经费保障，科学设置解纷绩效评估内容和激励措施，对联动解纷工作中成绩突出的集体和个人予以适当表扬或奖励。

11. 加强联动解纷工作宣传引导。全省各级人民法院、省工程造价管理协会应当加大工程价款纠纷联动解纷工作的宣传力度，通过普法教育、发布典型案例等宣传方式，不断提升建设工程价款纠纷联动解纷工作机制的影响力和认可度，积极引导当事人选择非诉讼方式解决纠纷，努力营造行业组织、职能部门协同合作、社会公众积极参与矛盾纠纷化解的良好氛围。

江苏省高级人民法院
公安行政案件若干问题审理指南

（江苏省高级人民法院审判委员会会议纪要〔2022〕4号
自2022年7月15日起施行）

为统一全省法院公安行政案件审理裁判尺度，依法保护公民、法人和其他组织合法权益，监督公安机关依法行政，根据有关法律、法规、规章及司法解释等的规定，制定本审理指南。

一、受理条件

（一）受案范围

1. 当事人对公安机关及其工作人员的行政行为不服，依法提起诉讼的，属于人民法院行政诉讼受案范围。

下列行为不属于人民法院行政诉讼的受案范围：

（1）公安机关传唤当事人的行为，但强制传唤除外；

（2）治安案件转为刑事案件后，原治安案件的受案、调查、传唤等行为；

（3）公安机关行政执法中鉴定、抽样取证的行为；

（4）公安机关批准延长办理案件期限的行为；

（5）公安机关交通管理部门出具交通事故责任认定书和事故证明书的行为。

（二）诉讼参加人

2. 根据《中华人民共和国道路交通安全法实施条例》第一百零九条第一款的规定，相当于县级公安机关交通管理部门的交通警察大队作出行政处罚的，该交通警察大队是被告。

3. 当事人起诉公安机关作出的行政处罚决定，未将相关利害关系人列为第三人的，人民法院应当告知当事人追加第三人。当事人不同意追加的，人民法院应当将相关利害关系人列为第三人。

二、几类案件实体审查的重点

4. 县级公安机关作出警告、五百元以下罚款的处罚决定后，当事人主张上述处罚决定应当由公安派出所作出，县级公安机关不具有作出该处罚决定法定职权的，人民法院不予支持。

5. 公安机关仅凭自行制作的工作记录证明曾开展了调解工作但未达成协议，并主张办案期限从调解未达成协议之日开始计算的，人民法院不予支持。

6. 人民法院在审查当事人是否构成公然侮辱他人行为时，应当重点审查当事人是否有侮辱他人的言语或其他行为，以及当事人是否当众或在公共网络空间实施了上述违法行为。

7. 当事人虽未供述实施卖淫、嫖娼行为，但公安机关依据现场收集的物证、钱款支付的电子数据，组织、介绍、容留人员的证人证言等证据，经综合判断，认定当事人构成卖淫、嫖娼的，人民法院可予支持。

当事人主张其在被欺骗或被胁迫等情形下供述，公安机关不能提供其他有效证据否定当事人的主张，也不能证明卖淫、嫖娼事实确实存在，公安机关认定当事人构成卖淫、嫖娼的，人民法院不予支持。

8. 公安机关有充分证据认定两人或两人以上事前有共同的意思联络或现场临时起意殴打、伤害他人，构成结伙的，人民法院应予支持。但对于发生在亲友、邻居、同事、在校学生之间因琐事引发的殴打、伤害事件，人民法院应当对临时起意进行严格审查，审慎认定是否属于结伙殴打、伤害他人。

9. 公安机关认定当事人构成殴打、伤害残疾人、孕妇、不满十四周岁的人或六十周岁以上的人，当事人主张不知被殴打、伤害的人为上述特定对象的，人民法院不予支持。

10. 涉及土地、房屋征收、违法建筑拆除、环境整治等案件中，当事人提起行政诉讼要求公安机关履行保护人身权、财产权等治安管理法定职责的，人民法院应当重点审查当事人提出履行法定职责申请后，公安机关是否存在违法不受理、超期受理、受理后拖延处理等情形。公安机关接警后，依法及时处警，经调查发现土地、房屋征收、违法建筑拆除、环境整治等行为系其他行政机关实施，或委托其他单位实施，并将查明的相关情况告知当事人的，应当认定公安机关已经履行了法定职责。但公安机关在处警中发现存在其他违反治安管理行为，未依法履行相应法定职责的除外。

11. 当事人在公安机关尚未发现之前，主动供述自己的违法行为，或被调查后主动供述尚未被公安机关掌握的违法行为，应当认定其具有从轻、减轻或不予处罚的情节。当事人供述违法事实后，对自己行为性质的辩解不影响主动供述情节的成立。

12. 公安机关依据《中华人民共和国治安管理处罚法》第十二条、第十四条、第十九条的规定，对符合减轻处罚的当事人进行如下处理的，人民法院应予支持：

(1)违法行为所对应的法定处罚种类只有一种的，公安机关在该法定处罚种类的幅度以下给予处罚；在法定处罚种类的幅度以下无法再减轻处罚的，不予处罚；

(2)违法行为应当处以拘留并处罚款的，公安机关在法定处罚幅度以下单独或同时减轻拘留和罚款，或在法定处罚幅度内单处拘留；

(3)违法行为应予拘留，可以并处罚款的，公安机关在拘留的法定处罚幅度以下减轻处罚；在拘留的法定处罚幅度以下无法再减轻处罚的，不予处罚。

13. 公安机关在处置疫情等突发事件中，缩短办案时间、简化处罚程序，结合违法行为发生原因、事实、性质、情节和社会危害程度等因素，在法定处罚幅度内对违反突发事件应对措施的行为依法快速、从重处罚的，人民法院应予支持。

14. 对于应当依法经公安机关负责人集体讨论作出行政处罚决定的案件，集体讨论决定的程序应当在案件调查程序终结后、行政处罚决定作出前进行。

公安机关负责人集体讨论决定程序在行政处罚事先告知程序之前完成，当事人收到拟行政处罚告知后，提出有实质意义的陈述和申辩意见，或依当事人申请组织召开听证会后，公安机关未再次进行集体讨论的，人民法院应当认定被诉行政处罚决定违反法定程序。但当事人在公安机关告知后明确表示放弃陈述或申辩权利，或在听证等程序中未提出有实质意义的陈述和申辩意见的除外。

15. 公安机关扣留机动车行为应当认定为《中华人民共和国行政强制法》第九条第(三)项所规定的扣押财物的行政强制措施。

16. 道路交通违法行为瞬时发生或未留下痕迹，在缺乏电子监控视频、证人证言等其他证据的情况下，公安机关依据两名在场交通警察执法笔录当场作出处罚决定的，人民法院应当从以下几个方面审查该处罚决定的合法性：

(1)在场交通警察是否具有执法资格；

(2)执法笔录是否合法；

(3)当事人陈述和申辩等权利是否得到保障；

(4)其他影响依法作出该处罚决定的因素。

17. 公安机关依据《中华人民共和国政府信息公开条例》第十六条第二款的规定，对行政相对人和利害关系人要求公开行政执法案卷信息的申请作出不予公开决定的，人民法院应予支持，但法律、法规、规章另有规定的除外。

18. 公安机关依据《中华人民共和国

刑事诉讼法》《公安机关办理刑事案件程序规定》等规定，对当事人要求公开刑事案件立案前初查信息的申请作出不予公开决定的，人民法院应予支持。

三、相关案件程序审查的重点

19. 刑事案件转为治安案件的，应当以县级以上公安机关负责人批准刑事案件转为治安案件之日起计算公安机关办理治安案件的期限。

20. 当事人向公安机关报案要求履行治安管理法定职责，公安机关立案受理后，当事人又以同样的事实和理由多次报案的，应当以公安机关第一次立案受理当事人报案之日起计算公安机关办理治安案件的期限。

当事人报案后公安机关没有立案受理，后以同样的事实和理由多次报案的，应当以当事人最后一次报案之日起计算公安机关履行治安管理法定职责的期限。

21. 判断公安机关延长治安案件办理期限的合法性，应当审查公安派出所延长治安案件期限是否报请所属县级公安机关批准；县级公安机关延长治安案件期限是否报请该公安机关的上一级公安机关批准。

22. 判断公安机关对当事人进行传唤或给予行政拘留处罚的合法性，应当审查公安机关是否及时通知其家属。当事人放弃该权利的，不免除公安机关通知其家属的义务，但当事人拒绝提供联系方式导致公安机关无法通知其家属的除外。

23. 人民法院应当从以下方面对公安机关法律文书送达程序合法性进行审查：

（1）公安机关是否首先采取直接送达方式向当事人本人送达法律文书；当事人本人不在的，是否交其成年家属、所在单位的负责人或其居住地居（村）民委员会代收；当事人是法人或者其他组织的，是否交由法人的法定代表人、其他组织的主要负责人或者该法人、组织负责收件的人签收；

（2）受送达人本人或代收人拒绝接收法律文书或拒绝签名和捺指印的，公安机关是否邀请当事人邻居或其他见证人到场，说明情况，在送达回证上记明拒收事由和日期，由送达人、见证人签名或者捺指印，把法律文书留在当事人的住所；是否把法律文书留在当事人的住所，并采用拍照、录像等方式记录送达过程；

（3）公安机关是否按照当事人提供的最新收件地址、联系电话等信息，将法律文书交由国家邮政机构邮寄送达。法律文书交邮后，公安机关是否及时跟踪文书签收情况，发现不能送达的，是否及时采取补救措施；

（4）公安机关是否正确填写当事人的联系地址和联系电话等；

（5）公安机关采用传真、互联网通讯工具等方式进行送达的，是否经当事人同意。

24. 公安机关作出不予处罚决定但未依法向当事人送达的，应当认定为程序违法。

四、裁判方式的选择

25. 对于当事人存在互殴的治安案件，应当审查公安机关作出处理决定时是否综合考虑案涉纠纷起因、殴打情节、双方伤情等具体情形，处罚决定存在明显不当的，人民法院可以判决撤销该处罚决定。

26. 对于被处罚人存在两种及两种以上违法行为的处罚案件，应当审查公安机关是否依据相应的法律规定，在处罚决定中对两种及两种以上违法行为分别作出处罚，合并执行。处罚决定未对两种及两种以上的违法行为分别作出处罚，直接作出合并处罚决定的，属于适用法律错误，人民法院应当判决撤销该处罚决定，并判决公安机关重新作出处罚决定。

27. 对于公安机关援引《公安机关办理行政案件程序规定》第二百五十九条第一款第（四）项规定作出终止案件调查决定的，应当审查公安机关终止案件调查的情形与该条款所列举的前三种情形是否具有共同特征、行为性质是否一致、是否符合该条立法目的。公安机关超出立法本意作出终止案件调查决定属于适用法律错误，人民法院应当判决撤销该终止案件调查决定，并判决公安机关重新作出行政处理决定。

28. 对于房屋所有权合法转移后，原房屋所有权人拒绝迁出户籍，公安机关经现房屋所有权人申请，将原房屋所有权人户籍迁出，原房屋所有权人诉请撤销该迁出户籍行为的，应当审查公安机关是否提供证据证明现房屋所有权人提交了房屋所有权合法转移凭证、申请书等材料，是否告知了原房屋所有权人。公安机关履行了上述义务的，人民法院应当判决驳回原房屋所有权人的诉讼请求。

29. 当事人向公安机关报案后，公安机关未对其报案作出处理，当事人以公安派出所为被告提起行政诉讼，人民法院经审查认定相关法定职责应由县级公安机关履行的，应当向当事人释明变更被告。经释明当事人拒绝变更被告的，人民法院应当裁定驳回当事人的起诉。

30. 判决公安机关履行法定职责的，人民法院应当依照行政法律规范中所规定的履行期限，确定公安机关履行法定职责的期限，但有特殊情形的除外。

法律规范未对公安机关履行法定职责期限作出规定的，人民法院应当结合具体案情，充分考虑当事人合法权益保护的及时性和公安机关履行法定职责的可行性等因素，根据《中华人民共和国行政诉讼法》第四十七条的规定，合理确定公安机关履行法定职责的期限。

五、附则

31. 本审理指南的规定与相关法律、法规、司法解释、司法解释性文件、指导案例等不符的，以法律、法规、司法解释、司法解释性文件、指导案例等为准。

32. 本审理指南自 2022 年 7 月 15 日起施行。

江苏法院减刑、假释实质化审理典型案例

减刑、假释制度作为刑罚变更执行制度，是宽严相济刑事政策在刑罚执行过程中的具体体现，对于激励罪犯积极改造，促进罪犯回归、融入社会，实现刑罚的目的，具有非常重要的意义。近年来，江苏法院在减刑、假释工作中，严格规范减刑、假释案件审理，不断强化实质化审理理念，细化减刑、假释条件，推进审理方式改革，落实“四个一律”工作要求，全方位打造减刑、假释案件实质化审理体系，为维护刑罚执行的严肃性，最大限度地发挥刑罚的功能，实现刑罚的目的，助推社会综合治理做出了积极贡献。我们选取在加强案件实质化审理方面具有典型意义的十起案例，多角度展示我省法院近年来减刑、假释工作成效，努力让人民群众在每一个减刑、假释案件中感受到公平正义。

案例一：罪犯闫某某不予减刑案

【裁判要旨】

罪犯在服刑期间违规频次较高，多次因与他犯发生矛盾而动手打架，经教育，改造表现无明显改进，综合违规行为的性质、情节、发生时间等因素，不认定其确有悔改表现，依法裁定不予减刑。

【基本案情】

罪犯闫某某因犯窝藏毒品罪被判处有期徒刑九年。2021 年 9 月 13 日，执行机关提出减刑建议。

检察机关认为，罪犯闫某某在服刑期间，在行动上未能做到遵守法律法规及监规，在考核期间，三次与他犯发生争执，并主动动手打架，其中两次严重违反监规，缺乏真诚的悔罪意识，不符合法律规定的减刑条件，建议对该犯不予减刑。

减刑法院经审理查明，罪犯闫某某服刑期间共获得表扬五次。另查明，闫某某曾因犯盗窃罪被判处有期徒刑七年，剥夺政治权利一年。在考核期内，闫某某 29 次违反监规共被扣 194 分。其中，2020 年 5 月 9 日，其在车间因与其他罪犯争执动手，被扣 30 分；2020 年 8 月 10 日，其在监房因琐事与其他罪犯发生争执并动手，被扣 50 分；2021 年 4 月 19 日，其因与其他罪犯发生矛盾，动手打架，情节较轻，被扣 10 分。

【裁判结果】

减刑法院认为，罪犯在服刑期间是否认真遵守法律法规及监规是判断罪犯是否确有悔改表现的重要依据。罪犯闫某

某在本次考核期内，违反监规的次数达29次之多，共计被扣194分，明显高于其他罪犯，且近一年半内3次与其他罪犯发生争执而先动手打架，共计被扣90分，改造表现无明显改进。综上，不能认定罪犯闫某某确有悔改表现，裁定对其不予减刑。

【典型意义】

对于罪犯存在违反监规纪律行为的，应当根据行为性质、情节、发生时间等具体情况，综合分析判断罪犯的改造表现。本案中，罪犯闫某某在本次服刑期间持续违规，其中3次系因与其他罪犯发生争执而先动手打架，整体扣分较多。虽然执行机关考虑罪犯闫某某上述改造表现对其减刑缓报过，但是该犯在报请减刑前，2020年5月、8月因与其他罪犯发生争执而动手打架后，经民警教育，并未吸取教训、端正改造态度，次年4月又因与其他罪犯发生矛盾而动手打架。罪犯闫某某改造表现未见明显向好，主观上缺乏真诚的悔罪认识，不符合减刑的法定条件，应进一步延长其考察期限，以教育引导罪犯增强身份意识和法纪观念、强化行为规范养成、严格遵守各项监规纪律。

案例二：罪犯朱某某不予减刑案

【裁判要旨】

罪犯有10余次盗窃前科，刑满释放当月又连续实施犯罪，并入户抢劫，主观恶性深，改造难度大，不认定其确有悔改表现，依法裁定不予减刑。

【基本案情】

罪犯朱某某因犯抢劫罪、盗窃罪被判处有期徒刑十一年，并处罚金1.4万元；退赔被害人经济损失；责令退出违法所得500元，予以没收，上缴国库。2022年6月24日，执行机关提出减刑建议。检察机关同意执行机关报请减刑意见。

减刑法院经审理查明，罪犯朱某某在服刑期间，能遵守法律法规及监规，接受教育改造，参加学习教育和劳动，获得表扬四次。但该罪犯在2003年至2018年先后15次因犯盗窃罪被判刑，刑满释放的当月又三次实施入户抢劫和入户盗窃等犯罪行为，系累犯，且因犯抢劫罪被判处十年以上有期徒刑，未履行财产性判项，在考核周期内有多次扣分情况。

【裁判结果】

减刑法院认为，罪犯朱某某曾经多次因犯盗窃罪被判刑，刑满释放后连续实施犯罪行为，且升级为入户抢劫。该罪犯服刑期间虽然能够接受教育改造，但有多次违规扣分，改造表现一般。鉴于该罪犯系累犯，有10余次盗窃前科，又系因犯抢劫罪被判处十年以上有期徒刑的罪犯，且未履行财产性判项。综合考虑其犯罪性质和具体情节、社会危害程度、原判刑罚及交付执行后的一贯表现等因素，不能认定其确有悔改表现，裁定对罪犯朱某某不予减刑。

【典型意义】

减刑是国家对确有悔改表现或者有立功表现罪犯的奖励，而非罪犯当然享有的一项权利。审查罪犯是否确有悔改表现，应坚持全面依法审查、坚持主客观改造表现并重，不能简单将减刑资格、幅度与行政奖励数量直接挂钩。罪犯朱某某有10余次盗窃前科且具有连续性，本次实施了更为严重的罪行，考核期内有多次违规扣分，改造表现总体一般，表明其主观恶性深，改造难度较大，必须加深其刑罚体验，才能实现刑罚的惩罚和改造功能。人民法院裁定对该犯不予减刑，坚持了全面审查、综合考察原则，重申了减刑的奖励属性，有效维护刑罚执行的严肃性。对督促罪犯真诚认罪悔罪，认真接受教育改造起到警示作用。

案例三：罪犯李某某不予减刑案

【裁判要旨】

集资诈骗犯罪罪犯在服刑期间，仍拒不交代赃款去向，否认案发前转移资金、隐匿财产事实，不积极退赃和协助追缴赃款赃物，不认定其确有悔改表现，依法裁定不予减刑。

【基本案情】

罪犯李某某因非法集资38987.06万元，造成被害人损失28802.16万元，被以集资诈骗罪判处无期徒刑，剥夺政治权利终身，并处没收个人全部财产，责令退赔被害人经济损失。2021年9月13日，执行机关提出减刑建议。

检察机关认为，根据现有证据材料，尚不能认定罪犯李某某符合法定减刑条件，需要对其财产性判项执行等相关情况作进一步调查核实。

减刑法院经审理查明，罪犯李某某在服刑期间，虽然能够接受教育改造，积极参加劳动，获得表扬8次，但是在庭审中，该罪犯否认有转移、隐匿资金情形。经调查查明，原审判决认定李某某到案后未如实交代资金流向，也未协助配合追缴赃款赃物，致被害人巨额损失无法退赔；执行法院执行处分所得少量资金远不足以退赔被害人实际损失，其犯罪行为造成严重社会危害后果，至今无法弥合。

【裁判结果】

减刑法院认为，在审理减刑案件中既要注重审查罪犯劳动改造、监管改造等客观方面的表现，也要注重审查罪犯认罪悔罪等主观方面的表现，进行全面审查，综合判断罪犯是否确有悔改表现。罪犯李某某实施金融诈骗犯罪，案发前有转移资金、隐匿财产的行为，归案后不积极退赃、协助追缴赃款赃物、赔偿损失，服刑期间仍缺乏认罪悔罪认识，否认转移资金、隐匿财产的行为，不积极退赃。不应认定其确有悔改表现，裁定不予减刑。

【典型意义】

本案是严格落实财产性判项履行与减刑、假释关联机制的典型案例。为解决长期以来的财产性判项执行难的问题，最高人民法院相关司法解释确立了财产性判项履行与减刑、假释关联机制，将罪犯财产性判项履行作为衡量罪犯是否确有悔改表现的重要依据。减刑法院充分发挥审判职能作用，通过调阅原审刑事案件卷宗、向执行法院调查核实等方式强化庭外调查核实，查明罪犯在判决后仍否认转移资金、隐匿财产，不积极退赃，不积极协助追缴赃款赃物的事实，进而不认定罪犯确有悔改表现，裁定对其不予减刑。本案中，人民法院从严把握金融诈骗犯罪罪犯减刑资格，对抱有侥幸心理的此类罪犯起到了警示作用，有力维护了刑罚执行公平公正。

案例四：罪犯胡某某不予减刑案

【裁判要旨】

人民法院强化调查核实，查明职务犯罪罪犯隐瞒财产、不积极履行财产刑，不认定其确有悔改表现，依法裁定不予减刑。

【基本案情】

罪犯胡某某因犯贪污罪、受贿罪被判处有期徒刑十四年，并处没收个人财产 50 万元，没收依法扣押在案的赃款 174.7 万元，上缴国库。2022 年 2 月 21 日，执行机关提出减刑建议。

检察机关认为，罪犯胡某某系职务犯罪罪犯，赃款已全部退出，但没收个人财产刑未履行，亦未见其履行能力相关证明材料，建议对该犯不予减刑。

减刑法院经审理查明，罪犯胡某某在服刑期间共获得表扬 2 次，归案后已退出全部赃款，但生效刑事判决中没收个人财产 50 万元未履行。第一次庭审后，该院依职权调取原侦查机关、原审法院对胡某某及其前妻的讯问笔录、提审笔录中关于其家庭资产的陈述、相关房屋所有权权属证明单、执行裁定书、相关法院 2016 年作出的民事调解书等证据，并依法组织第二次庭审，对上述证据进行了质证，确认胡某某故意隐瞒其名下房产一套，亦未如实申报登记在其儿子名下房屋的情况。

【裁判结果】

减刑法院认为，罪犯胡某某虽然在服刑期间积极参加学习教育和劳动，获得表扬 2 次，但该犯在本案审理期间未如实陈述可供执行财产情况，故意隐瞒其名下房产一套，亦未如实申报登记在其子名下房屋的情况。因罪犯胡某某故意隐瞒财产，未全部履行财产性判项，不能认定其确有悔改表现，裁定对罪犯胡某某不予减刑。

【典型意义】

本案是加强减刑、假释案件实质化审理的典型案例。坚持“以审判为中心”的刑事诉讼制度改革要求，充分发挥庭审功能，有效行使庭外调查核实权，查明相关事实。罪犯财产性判项履行能力的判断是实践中的难点问题。为查明罪犯胡某某实际履行能力，减刑法院强化庭外调查核实，调阅原审刑事案件、执行案件以及胡某某与其妻子民事离婚案件卷宗材料，并前后两次开庭审理，通过充分的调查、质证，查明罪犯故意隐瞒财产的事实，不认定罪犯胡某某确有悔改表现，并裁定对其不予减刑，切实做到“证据核查在法庭、事实认定在法庭、意见发表在法庭、裁判理由形成在法庭”。

案例五：罪犯牛某某撤销减刑案

【裁判要旨】

职务犯罪罪犯不积极履行退赃义务，

不能认定其确有悔改表现，人民法院主动纠错，依法撤销原减刑裁定，重新裁定不予减刑。

【基本案情】

罪犯牛某某因犯贪污罪被判处有期徒刑十年六个月，并处没收个人财产 4 万元。判决生效后，该犯被交付执行。服刑期间，执行机关提出减刑建议，人民法院裁定予以减刑。后发现，生效刑事判决认定该犯贪污款为 44 万余元，该犯仅履行了没收个人财产 4 万元，对赃款未予退缴，遂对该犯减刑一案重新审理。

罪犯牛某某在庭审中陈述，对自己的罪行感到悔恨，在服刑期间能够认真改造。目前，没收个人财产 4 万元已履行完毕，对于赃款 44 万余元，并非自己贪污，如果法院认为自己的行为对企业造成了损失，也愿意退缴，但需要等家属从国外返回后再商议。

检察机关认为，罪犯牛某某仅履行没收个人财产 4 万元，其贪污的 44 万余元有退赔能力而未退赔，给国家造成的损失至今未予弥补，且庭审时认罪态度模糊，建议依法撤销原减刑裁定。

减刑法院经审理查明，生效刑事判决在审理查明部分已认定该犯贪污 443789.09 元，该部分赃款一直未退缴。庭审中，牛某某对生效刑事判决认定的贪污 44 万余元的事实予以否认，不积极履行退赃义务。另查明，该罪犯系职务犯罪罪犯，没收个人财产 4 万元已履行。

【裁判结果】

减刑法院认为，罪犯牛某某作为职务犯罪罪犯，不积极退赃，对原判认定的犯罪事实含糊其词，不能确认其确有悔改表现，不符合减刑的法定条件，遂裁定撤销原减刑裁定，对罪犯牛某某不予减刑。

【典型意义】

本案是江苏法院严格落实罪犯财产性判项履行与减刑、假释关联机制，主动纠错的典型案例。财产性判项的确定是落实罪犯财产性判项履行与减刑、假释关联机制的第一步。确定罪犯财产性判项，不应仅局限于生效刑事裁判文书主文内容，对于生效刑事裁判认定的赃款赃物、刑事案件中达成调解协议确定的赔偿义务、另行单独提起民事诉讼的生效裁判确定的民事赔偿义务也应纳入综合考量范围。本案中，罪犯牛某某系职务犯罪罪犯，对于生效刑事判决认定的贪污赃款一直未予退缴。庭审中，牛某某又对贪污事实予以否认，故不能认定其确有悔改表现。人民法院发现已经生效的减刑裁定确有错误后，及时另行组成合议庭审理，撤销原减刑裁定，彰显了人民法院从严把握职务犯罪罪犯减刑、假释条件的坚决态度。

案例六：罪犯曹某撤销假释案

【裁判要旨】

罪犯在假释考验期内违反法律规定，受到行政处罚，执行地法院根据假释撤销新规，加强与本地司法机关和原假释裁定地法院协调联动，依法撤销罪犯假释。

【基本案情】

罪犯曹某因犯诈骗罪被判处有期徒刑五年二个月，并处罚金 4 万元，退赔被害人经济损失。服刑期间，外省某中级法院裁定对罪犯曹某予以假释。假释考验期内，曹某因违反道路交通安全法，无证驾驶汽车，被交警处以罚款 1000 元。2021 年 1 月 18 日，司法行政机关提出撤销假释建议。检察机关同意司法行政机关报请意见。

执行地法院经审理查明，曹某的机动车驾驶证已被注销，其在道路上驾驶机动车系未取得机动车驾驶证驾驶非营运汽车的违法行为，交警对其作出罚款 1000 元的行政处罚程序合法、处罚恰当。

【裁判结果】

执行地法院认为，罪犯曹某在假释考验期内，违反法律规定，受到行政处罚，依法应当撤销假释，收监执行尚未执行完毕的刑罚。综上，裁定撤销原假释裁定，对罪犯曹某收监执行未执行完毕的刑罚。

【典型意义】

本案是江苏法院强化司法担当，在 2020 年 7 月 1 日《社区矫正法》正式施行后，适用假释撤销新规撤销假释，将罪犯收监的典型案例。罪犯在假释考验期内违反法律规定，受到行政处罚，应当撤销假释。鉴于异地执行罪犯假释撤销面临的对接难、沟通难、文书移送难等问题，《社区矫正法》第 46 条明确规定执行地社区矫正机构也可以向执行地法院提出撤销假释建议，不再局限于假释裁定地法院。本案中，罪犯曹某系异地执行假释，执行地法院主动加强与公安机关、检察机关、司法行政机关、外省法院对接，裁定撤销原假释裁定，及时将罪犯收监，彰显了假释制度的严肃性，有效降低了收监执行成本，警示教育曹某及其他假释对象，应当正确认识假释制度、严格遵守监督管理规定，取得了良好的法律效果和社会效果。

案例七：罪犯郝某某减刑案

【裁判要旨】

罪犯在缓刑考验期内有见义勇为的重大立功表现，落实宽严相济刑事政策，当宽则宽，依法给予其减刑奖励。

【基本案情】

罪犯郝某某因犯交通肇事罪被判处有期徒刑三年，缓刑四年。缓刑考验期内，司法行政机关以该犯有重大立功表现，社区矫正态度良好为由，提出减刑建议。

检察机关认为，罪犯郝某某积极救火，有效防止人员伤亡和财产损失，符合减刑条件，建议对罪犯郝某某予以减刑。

减刑法院经审理查明，罪犯郝某某在缓刑考验期内接受社区矫正期间，考核结果均为合格或良好。该犯在某居民住宅楼厨房火灾事故中，不顾个人安危，英勇救火，将液化气钢瓶转移至安全场所，有效防止人员伤亡和财产损失。其本人获得市见义勇为基金会表彰。

【裁判结果】

减刑法院认为，罪犯郝某某在缓刑考验期内遵守社区矫正管理的各项规定，积极参与扑灭居民住宅楼厨房失火，有效防止人员伤亡和财产损失，有重大立功表现，符合减刑条件。综合考虑执行机关和检察机关的意见，裁定对罪犯郝某某减去有期徒刑三个月，缓刑考验期缩减六个月。

【典型意义】

本案是对有重大立功表现的缓刑罪犯予以减刑的典型案例。根据司法解释规定，缓刑罪犯有重大立功表现，可以参照《刑法》第78条的规定予以减刑，并缩减其缓刑考验期。本案中，火灾发生于居民住宅楼的厨房，如果不能及时扑灭，大范围蔓延或者发生爆炸事故，后果不堪设想。罪犯郝某某积极参与救火，有效防止了人员伤亡和财产损失，并获得表彰。对该罪犯减刑，是对其改过自新、积极融入回归社会，见义勇为的奖励，同时也对其他罪犯起到激励引导作用，有助于弘扬社会主义核心价值观，实现了法律效果和社会效果的有机统一。

案例八：罪犯李某减刑案

【裁判要旨】

未成年罪犯在判决前积极赔偿被害人经济损失，获得谅解，判决后又积极履行全部财产性判项，依法从宽把握减刑幅度。

【基本案情】

罪犯李某因犯抢劫罪被判处有期徒刑三年，缓刑三年六个月，并处罚金3000元，犯罪时未成年。后因发现漏罪（盗窃罪）被撤销缓刑，数罪并罚决定执行有期徒刑三年，并处罚金4000元，责令退赔被害人经济损失2800余元。2022年7月28日，执行机关提出减刑建议。检察机关同意执行机关报请意见。

减刑法院经审理查明，罪犯李某在服刑期间，能认罪悔罪，认真遵守法律法规及监规，接受教育改造；积极参加各项学习，积极参加劳动，共获得表扬2次。另查明，该犯犯罪时未成年，财产性判项已履行完毕，获得被害人谅解。

【裁判结果】

减刑法院认为，罪犯李某在服刑期间，认真遵守法律法规和监规，接受教育改造，确有悔改表现，符合减刑的法定条件，准予减刑。裁定将罪犯李某的刑罚减去有期徒刑八个月。

【典型意义】

本案是落实宽严相济刑事政策，坚持区别对待，对未成年罪犯从宽把握减刑幅度的典型案例。未成年罪犯可塑性较强，应以教育挽救为主，故对未成年罪犯减刑、假释，可以根据其认罪悔罪表现，在减刑、假释的条件、减刑的起始时间、减刑的幅度和频次等方面作从宽把握。本案中，虽然罪犯李某因在缓刑考验期内被发现漏罪，进而被撤销缓刑数罪并罚，但鉴于其犯罪时系未成年，财产性判项履行完毕，收监后积极接受改造，比照普通罪犯减刑幅度，予以从宽，增加一个月减刑幅度，裁定减刑八个月，以激励其积极改造，早日回归社会。

案例九:罪犯鞠某某假释案

【裁判要旨】

老年罪犯在服刑期间改造表现良好、积极履行财产性判项,依法从宽适用假释。

【基本案情】

罪犯鞠某某因犯非法运输珍贵、濒危野生动物制品罪,被判处有期徒刑十年六个月,并处罚金2万元。2017年1月24日、2018年10月31日分别被减刑九个月。2021年4月2日,执行机关提出假释建议。检察机关同意执行机关报请假释意见。

假释法院经审理查明,罪犯鞠某某在服刑期间,能认罪服判;认真遵守法律法规及监规,接受教育改造;积极参加各项学习;积极参加劳动。先后共获得表扬4次。另查明,该罪犯已被执行原判刑期二分之一以上,罚金刑已履行完毕,报请假释时已年满75周岁,属于老年罪犯,且身患肝癌,被认定为病犯。经执行机关评估,该犯假释后没有再犯罪的危险。社区矫正机构提交了社区矫正环境评估调查报告,认为该犯具备社区矫正条件。

【裁判结果】

假释法院认为,罪犯鞠某某在服刑期间,能认罪服判,接受教育改造,确有悔改表现,财产性判项已履行完毕,无再犯罪危险,假释后对所居住社区无不良影响,符合假释条件,裁定对罪犯鞠某某予以假释。

【典型意义】

本案是落实宽严相济刑事政策,对老年罪犯依法从宽适用假释的典型案例。假释是附条件的提前释放,对假释罪犯进行社区矫正,通过行刑的社会化,发挥假释回归功能,有效帮助罪犯实现再社会化,降低再犯罪风险。本案中,人民法院以刑罚个别化原则为指导,践行刑罚人道主义理念,结合罪犯鞠某某系老年罪犯、病犯等年龄和身体特点,审慎认定其服刑改造表现、再犯罪危险程度以及假释后对所在社区的影响,依法从宽掌握其假释条件,裁定予以假释。本案充分发挥假释制度的积极作用,弘扬了“矜老恤幼、宽宥废疾”的中华优秀传统法律文化,体现了对老年罪犯、病犯的人文关怀。

案例十:罪犯张某某减刑案

【裁判要旨】

在减刑案件中,探索监狱公职律师作为执行机关代表出庭履职,对未成年罪犯动态考察其改造表现,综合其他相关因素,依法从宽把握,对其裁定减刑。

【基本案情】

罪犯张某某曾因犯故意伤害罪被判处有期徒刑一年八个月,2018年11月4日刑满释放。2020年6月1日,该犯又因犯故意伤害罪,被判处有期徒刑三年。2022年2月28日,执行机关提出减刑建议。

鉴于该犯系未成年犯,在刑满释放后短期内再次犯罪,是否符合减刑条件存在争议,减刑法院根据检察机关建议,依法不公开开庭审理了本案。

庭审中，执行机关指派公职律师[①]作为执行机关代表出庭，陈述了罪犯张某某因缺少家庭管教走向犯罪道路，并对比了该犯两次服刑期间的改造表现，上次服刑期间该犯未获得任何表扬，本次有较大转变，考核期内获得两个表扬，确有悔改表现。建议体现对未成年人教育挽救的方针和宽严相济刑事政策，对该犯减刑适当从宽。

出庭检察官认为执行机关对罪犯张某某提请减刑符合法定条件和程序，建议人民法院依法裁判。

减刑法院经审理查明，罪犯张某某在服刑期间，能认罪悔罪，遵守法律法规及监规，接受教育改造；能够积极参加思想、文化、职业技术教育；积极参加劳动，努力完成劳动任务。共获得表扬 2 次。另查明，该犯犯罪时系未成年。

【裁判结果】

减刑法院认为，罪犯张某某在本次服刑期间，能够积极接受教育改造，认真遵守法律法规和监规，服从管教，总体表现较好，其当庭表示认罪悔罪，确有悔改表现，符合减刑的法定条件，当庭宣告对罪犯张某某减刑一个月。宣判后，合议庭对罪犯进行法庭教育，并鼓励其珍惜本次减刑机会，未来回归社会后承担起应当肩负的责任。

【典型意义】

加强减刑、假释案件实质化审理，对执行机关代表的出庭履职能力提出了更高的要求。本案是江苏法院深化“以审判为中心”的庭审方式改革，探索公职律师出庭的首例案件。本案中，监狱公职律师出庭，有效提高了执行机关代表的履职能力，实现了执行机关代表与法官、检察官的专业对话，有力保障了庭审功能的实现。庭审中，公职律师运用法言法语和专业法律知识，充分阐述报请减刑的依据和理由，从刑罚执行理念、刑事政策、法律规定等方面进行分析，动态展现罪犯前后两次服刑改造表现的变化，并深入剖析犯罪的原因，得出罪犯符合减刑条件的结论，令人信服，也得到检察机关的认同，不失为一次减刑案件庭审方式改革的有益尝试。本案体现了对未成年罪犯教育挽救为主的刑事政策，动态考核其前后两次服刑的改造表现，认定其确有悔改表现，从宽把握减刑适用。张某某刑满释放后，减刑法院对其进行回访，了解到张某某现实表现良好，生活态度积极，能够自食其力。

---

① 加强庭审实质化对刑罚执行机关代表履职能力提出了更高要求，我们尝试在一些重点案件或者有争议的案件中由监狱取得公职律师资格的民警作为执行机关代表出庭，以提高庭审的对抗性，推进庭审的实质化。根据我国现有立法规定，减刑、假释制度是刑罚变更执行制度，减刑、假释是对表现较好的罪犯给予的奖励，因此罪犯不能委托社会律师参与庭审。

孙贤锋诉淮安西区人力资源开发有限公司经济补偿金纠纷案

（2022）参阅案例8号

【裁判摘要】

人民法院在判断用人单位单方解除劳动合同行为的合法性时，应当以用人单位向劳动者发出的解除通知的内容为认定依据。在案件审理过程中，用人单位超出解除劳动合同通知中载明的依据及事由，另行提出劳动者在履行劳动合同期间存在其他严重违反用人单位规章制度的情形，并据此主张符合解除劳动合同条件的，人民法院不予支持。

【相关法条】

《中华人民共和国劳动合同法》第三十九条　劳动者有下列情形之一的，用人单位可以解除劳动合同：

（一）在试用期间被证明不符合录用条件的；

（二）严重违反用人单位的规章制度的；

（三）严重失职，营私舞弊，给用人单位造成重大损害的；

（四）劳动者同时与其他用人单位建立劳动关系，对完成本单位的工作任务造成严重影响，或者经用人单位提出，拒不改正的；

（五）因本法第二十六条第一款第一项规定的情形致使劳动合同无效的；

（六）被依法追究刑事责任的。

第四十七条　经济补偿按劳动者在本单位工作的年限，每满一年支付一个月工资的标准向劳动者支付。六个月以上不满一年的，按一年计算；不满六个月的，向劳动者支付半个月工资的经济补偿。

劳动者月工资高于用人单位所在直辖市、设区的市级人民政府公布的本地区上年度职工月平均工资三倍的，向其支付经济补偿的标准按职工月平均工资三倍的数额支付，向其支付经济补偿的年限最高不超过十二年。

本条所称月工资是指劳动者在劳动合同解除或者终止前十二个月的平均工资。

第四十八条　用人单位违反本法规定解除或者终止劳动合同，劳动者要求继续履行劳动合同的，用人单位应当继续履行；劳动者不要求继续履行劳动合同或者劳动合同已经不能继续履行的，用人单位应当依照本法第八十七条规定支付赔偿金。

第八十七条　用人单位违反本法规定解除或者终止劳动合同的，应当依照本法第四十七条规定的经济补偿标准的二倍向劳动者支付赔偿金。

【点评】

根据我国劳动合同法相关规定，用人单位单方解除劳动合同应有相应的依据和事由，并遵循法定的解除程序。本案中，劳动者诉请法院对用人单位单方解除劳动合同行为的合法性进行审查，而用人单位将超出解除通知中载明的事由作为其解除行为合法的抗辩依据。用人单位在诉讼中另行提出的理由是否一并纳入合法性审查范围，是正确审理此类劳动争议纠纷案件的关键问题。本案判决认为，应当围绕诉讼请求事项和争议焦点进行合法性审查，超过解除通知所载明的内容和范围会偏离双方所争议的解除劳动合同行为；同时，应当坚持诚实信用原则，防止劳资双方权益保障的失衡。据此，明确法院仅对解除通知的内容进行合法性审查。本案通过对用人单位单方解除行为合法性审查的内容进行规制，防止用人单位单方随意解除劳动关系，有助于规范解雇行为，引导用人单位遵守诚实信用原则，有利于保障劳动者的合法权益，对构建和谐劳动关系具有积极意义。

原告：孙贤锋，男，1974 年 5 月 15 日出生，住灌南县田楼镇。

被告：淮安西区人力资源开发有限公司，住所地在淮安经济技术开发区厦门东路 19－9 号。

原告孙贤锋因与被告淮安西区人力资源开发有限公司（以下简称西区公司）经济补偿金纠纷一案，向灌南县人民法院提起诉讼。

原告孙贤锋诉称，其自 2013 年 3 月 1 日起在西区公司处任收派员，负责灌南县堆沟港镇区域顺丰快递收派邮件工作。

2017 年 8 月 25 日，孙贤锋在履职过程中吸入有毒有害气体，同年 10 月 10 日被认定为工伤。2017 年 10 月 21 日，西区公司无故解雇孙贤锋。为此，孙贤锋申请劳动争议仲裁，后劳动争议仲裁委员会决定终止审理，孙贤锋遂诉至法院，请求判令被告支付原告违法解除劳动合同经济补偿金 68500 元(6850 元/月 ×5 个月 ×2)。

被告西区公司辩称：孙贤锋与我公司于 2016 年 7 月 1 日签订劳动合同，建立劳动关系，孙贤锋在职期间存在未按规定穿着工作服、代人打卡、谩骂主管以及未按照公司规章制度及时上交营业款项等违纪行为，严重违反用人单位规章制度；自 2017 年 10 月 20 日起，孙贤锋在未履行请假手续且未经批准的情况下无故旷工多日，我公司依法自 2017 年 10 月 20 日起与孙贤锋解除劳动关系，符合法律规定，请求驳回孙贤锋诉求。

灌南县人民法院一审审理查明：

2016 年 7 月 1 日，孙贤锋(乙方)与西区公司(甲方)签订劳动合同，约定：劳动合同期限为自 2016 年 7 月 1 日起至 2019 年 6 月 30 日止；乙方工作地点为连云港，从事收派与司机岗位工作；乙方严重违反甲方的劳动纪律、规章制度的，甲方可以立即解除本合同且不承担任何经济补偿；甲方违约解除或者终止劳动合同的，应当按照法律规定和本合同约定向乙方支付经济补偿金或赔偿金；甲方依法制定并通过公示的各项规章制度，如《员工手册》《奖励与处罚管理规定》《员工考勤管理规定》等文件作为本合同的附件，与本合同具有同等效力。之后，孙贤锋根据西区公司安排，负责灌南县堆沟港镇区域的顺丰快递收派邮件工作。西区公司自 2016 年 8 月 25 日起每月向孙贤锋银行账户结算工资，截至 2017 年 9 月 25 日，孙贤锋前 12 个月的平均工资为 6329.82 元。

西区公司《奖励与处罚管理规定》中规定：对员工的处罚扣分，以公历年为一个记分周期；公司对员工的负面行为给予处罚，处罚种类分为五类，第一类责任为警告扣 1 ~ 2 分，第二类责任为严重警告扣 3 ~ 4 分，第三类责任为记过扣 5 ~ 6 分，第四类责任为记大过扣 7 ~ 10 分，第五类责任为解除合同、永不录用；迟到、早退的，或工作时间不按要求佩戴工牌的，或有配发制服、袖标等标识物但上班时间未按要求穿戴的，均为第一类责任；对同事恶意谩骂、恐吓、陷害、挑起事端，以武力威胁同事或与同事发生轻微肢体冲突等破坏员工队伍团结的，或委托让人或代他人打(刷)出勤卡及签到的，均为第四类责任；连续旷工 3 天(含)以上或一年内累计旷工达 6 天(含)以上的，或利用工作之便挪用或侵占公司公款的，均为五类责任；在一个记分周期内，因直接责任处罚累计扣分达 20 分(含)的，视为严重违纪，给予解除劳动合同处理。

2017 年 9 月 12 日、10 月 3 日、10 月 16 日，孙贤锋先后存在工作时间未穿工作服、代他人刷考勤卡、在单位公共平台留言辱骂公司主管等违纪行为。事后，西区公司根据《奖励与处罚管理规定》的规定，由用人部门负责人、建议部门负责人、工会负责人、人力资源部负责人共同签署确认，对孙贤锋上述违纪行为分别给予扣2分、扣10分、扣10分处罚，但具体扣分处罚时间无法认定。

2017年10月17日，孙贤锋被所在单位用人部门以未及时上交履职期间的营业款项为由安排停工。次日，孙贤锋至所在单位刷卡考勤，显示刷卡信息无法录入。2017年10月25日，西区公司出具离职证明，载明“孙贤锋自2013年3月1日至2017年10月20日在我公司任收派员一职，自2017年10月21日从本公司正式离职，手续已办理完毕，即日起与本公司无任何劳动关系”。2017年10月30日，西区公司又出具解除劳动合同通知书，载明“孙贤锋于2013年3月1日进入本单位，在未履行请假手续也未经任何领导批准的情况下，自2017年10月20日起无故旷工3天以上，依据国家的相关法律法规及单位规章制度，经单位研究决定自2017年10月20日起与孙贤锋解除劳动关系，限你于2017年11月15日前办理相关手续，逾期未办理，后果自负”。之后，孙贤锋向灌南县劳动人事争议仲裁委员会申请仲裁，该委员会于2018年4月26日作出灌劳人仲案字(2018)第103号决定书，认定该案已超过审理期限，终止审理。

另查明：2016年3月1日，孙贤锋与南京元睿人力资源服务有限公司曾签订劳动合同，约定劳动合同期限为2016年3月1日至2019年2月28日，工作地点为连云港，从事收派与司机岗位工作。2016年6月30日，孙贤锋因个人原因与南京元睿人力资源服务有限公司终止劳动合同。

灌南县人民法院一审认为，用人单位单方解除劳动合同的行为是用人单位根据作出时的事实、证据和法律作出的，对其合法性的评价也应以该决定作出时的事实、证据和法律为标准。用人单位向劳动者送达的解除劳动合同通知书，是用人单位向劳动者作出解除劳动合同的意思表示，对用人单位具有法律约束力。解除劳动合同通知书明确载明解除劳动合同的依据及事由，其被诉请人民法院审查的，人民法院应以该决定作出时的事实、证据和法律为标准进行审查，不宜超出解除劳动合同通知书所载明的内容和范围。否则，将偏离劳资双方所争议的解除劳动合同行为的合法性审查内容，导致法院裁判与当事人诉讼请求以及争议焦点不一致；同时，也违背民事主体从事民事活动所应当秉持的诚实信用这一基本原则，造成劳资双方权益保障的失衡。

本案中，孙贤锋与西区公司签订的劳动合同系双方真实意思表示，合法有效。劳动合同附件《奖励与处罚管理规定》作为用人单位的管理规章制度，不违反法律、行政法规的强制性规定，合法有效，对双方当事人均具有约束力。根据《奖励与处罚管理规定》的规定，员工连续旷工3天(含)以上的，公司有权对其处以第五类处罚责任，即解除合同、永不录用。本案中，西区公司向孙贤锋送达的解除劳动合同通知书明确载明解除劳动合同的事由为孙贤锋无故旷工达3天以上，孙贤锋诉请法院审查的内容也是西区公司以其无故旷工达3天以上而解除劳动合同行为的合法性，故法院对西区公司解除劳动合同的合法性审查也应以解除劳动合同通知书载明的内容为限，而不能超越该诉争范围；虽然西区公司在庭审中另提出孙贤锋在履职期间尚存在其他违纪行为，累计扣分已达20分以上，视为严重违反用人单位规章制度，亦足以即时解除劳动合同，但相关扣分处罚何时作出不能确定，且上述行为并未载入其向孙贤锋送达的解除劳动合同通知书的内容之中，故不能以此来判断西区公司以孙贤锋无故旷工达3天以上而解除劳动合同行为的合法性，故法院对西区公司的该项辩称意见不予采信。

西区公司以孙贤锋无故旷工达3天以上为由即时解除劳动合同，其应对孙贤锋无故旷工达3天以上的事实主张承担举证证明责任。关于西区公司的该项辩称内容，西区公司仅提供了本单位出具的员工考勤表为证，该考勤表未经孙贤锋签字确认，孙贤锋对此不予认可，认为是单位领导安排停工并提供刷卡失败视频为证，经审查，该份证据材料为孤证，相关旷工日期记载与法院依法向丁某、马某某的核实内容有较大出入；同时，无故旷工与所在单位安排停工并非同一概念，两者所指向的概念实质及行为表象均有明显差别，且西区公司亦未举证证实孙贤锋存在未按规定上交公司营业款的事实。综上，鉴于西区公司未提供充分证据证实孙贤锋无故旷工达3天以上，且与本案查明的相关单位领导安排停工及孙贤锋刷卡考勤失败情况均有明显出入，故法院对西区公司的该项事实抗辩主张不予采信。基于上述理由，法院认为西区公司所举证据不足以证实其解除劳动合同的行为符合《中华人民共和国劳动合同法》第三十九条的规定，故法院依法认定西区公司于2017年10月30日作出的解除劳动合同的行为系违法解除劳动合同的行为。

根据《中华人民共和国劳动合同法》的规定，用人单位违法解除或者终止劳动合同的，应当依照经济补偿标准的二倍向劳动者支付经济赔偿金。经审查，孙贤锋自2016年7月1日起在西区公司工作，截至2017年10月30日，其已在西区公司工作1年5个月，前12个月的平均工资为6329.82元，故被告西区公司应支付的经济赔偿金为18989.46元(6329.82元/月×1.5个月×2)。

据此，依照《中华人民共和国劳动合同法》第三十九条、第四十七条、第四十八条、第八十七条，《中华人民共和国民事诉讼法》第六十四条之规定，灌南县人民法院于 2018 年 11 月 15 日作出（2018）苏 0724 民初 2732 号民事判决：

一、被告淮安西区人力资源开发有限公司于判决发生法律效力之日起十日内支付原告孙贤锋经济赔偿金 18989.46 元；

二、驳回原告孙贤锋的其他诉讼请求。

西区公司不服一审判决，向连云港市中级人民法院提起上诉。

西区公司上诉称，西区公司提供的劳动合同等证据能够证明双方自 2016 年 7 月 1 日开始存在劳动关系，孙贤锋未按公司规定及时上交营业款，数额较大，时间较长，其行为严重违纪。孙贤锋违纪后，西区公司本可以依规将其辞退，但公司本着人性化管理，重新安排孙贤锋工作，但是孙贤锋没有按照公司安排重新接受工作，无故旷工，公司系依法解除劳动合同。孙贤锋在工作期间还存在未穿工服、代人打考勤卡及在公司平台留言辱骂公司主管等违纪行为，西区公司依规也可以将其辞退。一审判决认定事实和适用法律不当，请求二审撤销原判，改判驳回孙贤锋的诉讼请求。

孙贤锋答辩称，其没有挪用公款及旷工，西区公司是违法解除劳动合同，请求驳回上诉，维持原判。

连云港市中级人民法院经二审审理，确认了一审查明的事实。

连云港市中级人民法院二审认为，西区公司称孙贤锋无故旷工 3 天以上，系违反公司规章制度的严重违纪行为，并提供考勤表为证。因孙贤锋在工作期间被安排停工，西区公司之后是否通知孙贤锋到公司报到、如何通知、通知时间等事实，西区公司均没有提供证据加以证明，故孙贤锋无故旷工 3 天以上的事实不清，西区公司应对此承担举证不能的不利后果，其以孙贤锋旷工违反公司规章制度为由解除劳动合同，缺少事实依据，违反《中华人民共和国劳动合同法》的相关规定。西区公司还称孙贤锋在工作期间不及时上交营业款、未穿工服、代他人打考勤卡、在单位公共平台留言辱骂公司主管，也属于严重违反公司规章制度，公司仍有权解除劳动合同。根据在案证据及西区公司的陈述，西区公司在已知孙贤锋存在上述行为的情况下，没有提出解除劳动合同，而是主动提出重新安排孙贤锋从事其他工作，即使在向孙贤锋出具解除劳动合同通知书时亦没有将上述行为作为解除劳动合同的理由，其在诉讼期间提出上述主张，一审法院不予审查并无不当，法院对西区公司的该上诉观点不予支持。根据《中华人民共和国劳动合同法》第八十七条的规定，用人单位违反本法规定解除或者终止劳动合同的，应当依照本法第四十七条规定的经济补偿标准的二倍向劳动者支付赔偿金。西区公司违法解除与孙贤锋的劳动合同，应根据上述法律规定向孙贤锋支付相应的经济赔偿金。综上，西区公司的上诉请求不能成立，应予驳回；一审判决认定事实清楚，适用法律正确，应予维持。

据此，依照《中华人民共和国民事诉

讼法》第一百七十条第一款第一项之规定，连云港市中级人民法院于2019年4月22日作出(2019)苏07民终658号民事判决：

驳回上诉，维持原判。

案例报送单位：灌南县人民法院
一审合议庭成员：刘宗卫、张清然、程玉超
二审合议庭成员：王小姣、李　季、戴立国
报送人：李迎春
审稿人：卢燊绅

彭宇翔诉南京市城市建设开发(集团)有限责任公司劳动争议案

(2022)参阅案例9号

【裁判摘要】

用人单位规定劳动者在完成一定绩效后可以获得奖金，其无正当理由拒绝履行审批义务，符合奖励条件的劳动者主张获奖条件成就，用人单位应当按照规定发放奖金的，人民法院应予支持。

【相关法条】

1.《中华人民共和国劳动法》第四条　用人单位应当依法建立和完善规章制度，保障劳动者享有劳动权利和履行劳动义务。

第四十七条　用人单位根据本单位的生产经营特点和经济效益，依法自主确定本单位的工资分配方式和工资水平。

2.《中华人民共和国劳动合同法》第三条　订立劳动合同，应当遵循合法、公平、平等自愿、协商一致、诚实信用的原则。

依法订立的劳动合同具有约束力，用人单位与劳动者应当履行劳动合同约定的义务。

第十八条　劳动合同对劳动报酬和劳动条件等标准约定不明确，引发争议的，用人单位与劳动者可以重新协商；协商不成的，适用集体合同规定；没有集体合同或者集体合同未规定劳动报酬的，实行同工同酬；没有集体合同或者集体合同未规定劳动条件等标准的,适用国家有关规定。

【点评】

用人单位设置“绩效奖”“目标奖”等各类奖励鼓励劳动者为企业创造更多的价值,是现代企业常用的一种激励措施。但实践中,用人单位利用奖励制度规定不明,恶意拒绝审批、不按规定审批或者恶意降低考核结果等情形时有发生。因工资分配制度涉及用人单位用工自主权,故我国劳动法律法规对于奖金的发放和审批并未作出明确的规定。司法实践中,部分用人单位以劳动者的奖励申请未经审批或者审批流程未完成为由拒绝发放奖金,对于该抗辩意见是否采纳,存在不同的认识。本案裁判明确,用人单位规定劳动者在完成一定绩效后可以获得奖金,对符合条件的劳动者申请发放奖金的,有义务进行审查。用人单位无正当理由拒绝履行审批义务的,应视为奖励条件成就。本案对于规范用人单位用工自主权的合理限度,引导用人单位在劳动合同履行过程中秉持诚信原则,建立和谐、稳定、良性互动的劳资关系具有积极作用,对于类似案件的审理也具有指导意义。

原告:彭宇翔,男,1986 年 1 月 20 日出生,汉族,住南京市鼓楼区。

被告:南京市城市建设开发(集团)有限责任公司,住所地南京市秦淮区洪武路 198 号。

彭宇翔因与南京市城市建设开发(集团)有限责任公司(以下简称城开公司)劳动争议一案,起诉至南京市秦淮区人民法院。

彭宇翔一审诉称:彭宇翔于 2017 年 2 月 27 日入职城开公司处,任投资开发部负责人,负责引进投资项目。2016 年 8 月 12 日,城开公司制定《奖励暂行办法》,规定对于引进项目应给予奖励。2017 年 6 月 12 日,彭宇翔所在的投资开发部通过《会议纪要》,确定彭宇翔应获得投资开发部团队奖金的 75%。后投资开发部成功为城开公司拿下无锡红梅新天地项目、扬州 GZ051 地块项目、如皋约克小镇项目、徐州焦庄项目、高邮鸿基万和城项目、徐州彭城机械项目。在上述六个项目获取过程中,彭宇翔均发挥了主导作用。彭宇翔按照《奖励暂行办法》的规定向城开公司递交了奖励申请,部分已取得公司法定代表人的签字认可,但城开公司未依照《奖励暂行办法》的规定给予彭宇翔现金奖励,故诉至法院,请求判令城开公司支付彭宇翔奖金合计 1689083 元。

城开公司辩称:(1)彭宇翔主张的奖励系用人单位用工自主权范畴,不属于劳动争议,也不属于法院受理范围。(2)彭宇翔主张奖励所依据的文件《奖励暂行办法》未报董事会审议批准,故该办法尚未生效,也并未施行。(3)彭宇翔引进投资项目系其职责所在,城开公司已经按照相应的职务薪金待遇标准为其发放工资。(4)投资开发部的《会议纪要》作为彭宇翔主张享有奖励75%的依据,其制定程序不合法,同样未经董事会决议,应属无效。(5)彭宇翔主张的项目奖励申请中的基数、比例,系其单方提出,未经董事会审议,不具有法律效力;此外,彭宇翔主张的六个项目中的利润依据不足。综上,请法院驳回彭宇翔的诉讼请求。

南京市秦淮区人民法院一审审理查明:

城开公司曾发布落款时间为2016年8月12日的《南京城开集团关于引进投资项目的奖励暂行办法》(以下简称89号文),该文件载明:“……三、奖励形式:……3.现金奖励……四、现金奖励标准:1.对于商品房项目,根据绿地集团董事会审定的预期项目利润或收益为奖励基数,综合考虑项目规模、年化平均利润值合并表等综合因素,按照0.1%—0.5%,确定奖励总额……五、奖励审批程序:……2.集团领导对于投资开发部的申请进行审议,最终由集团主要领导审批;3.集团综合管理部(人力资源部)根据审批意见实施奖励,其中现金奖励当月发放”。

2017年2月27日,彭宇翔入职城开公司,双方签订了期限自2017年2月27日起至2019年2月26日止的劳动合同。2017年3月7日,城开公司任命彭宇翔为投资开发部经理。

一审庭审中,彭宇翔提供《会议纪要》一份,证明:2017年6月12日,彭宇翔与投资开发部部分人员召开关于团队奖励分配方案的讨论会,形成《会议纪要》并加盖了投资开发部公章,确定本部门内部对于奖励的分配方案原则上按照总经理(即彭宇翔)占奖金总额的75%、项目参与人员占25%进行分配。《会议纪要》落款人包括彭宇翔及冯某、江某、管某。城开公司对该《会议纪要》不予认可。

彭宇翔履职期间,其所主导的投资开发部成功拿下无锡红梅新天地、扬州GZ051地块、如皋约克小镇、徐州焦庄、高邮鸿基万和城、徐州彭城机械六个项目,后针对上述六个项目投资开发部先后向城开公司提交了六份奖励申请。其中:

无锡等三个项目(无锡红梅新天地、扬州GZ051地块、如皋约克小镇)的奖励申请载明,结合三个项目的项目利润(分别为15432万元、6817万元、14365万元),建议按照0.4%、0.5%、0.4%给予奖励,奖励总额分别为61.73万元、34万元、57.44万元。申请正文下部有法某某、祝某、姚某某(城开公司法定代表人)签名,申请正文后附有无人签名或盖章的奖金分配表,内容为各部门及其他人员奖励分配组成,其中投资开发部的部门奖金分别为50.23万元、20万元、45.44万元。

徐州等三个项目(徐州焦庄、高邮鸿基万和城、徐州彭城机械)的奖励申请载明,结合三个项目的项目利润(分别为19205万元、14810万元、11047万元),建议按照0.4%、0.2%、0.3%给予奖励,奖励总额分别为76.82万元、29.62万元、33.141万元。申请正文结尾处附表载明各部门及其他人员奖励分配组成,其中投资开发部的部门奖金分别为56.8万元、22.6万元、30.141万元。徐州等三个项目的奖励申请系复印件,且无城开公司法定代表人的签名,也未加盖城开公司公章。

后直至彭宇翔自城开公司离职,城开公司未发放上述奖励,彭宇翔于2018年6月5日向劳动人事争议仲裁委员会提请仲裁,要求城开公司按照六个项目奖励申请表上确定的投资开发部奖励金额,结合《会议纪要》确定的总经理奖励比例75%,向其支付奖金合计1689083元。同年6月13日,该委以距仲裁申请提交之日已超过5个工作日,彭宇翔不同意由劳动人事争议仲裁委员会受理为由出具《受理确认书》。彭宇翔遂于法定期限内诉至法院,要求城开公司支付奖励1689083元。

经查明,彭宇翔入职前,城开公司未成功引进过商品房开发项目,故无依据89号文发放奖励的先例,但其控股公司绿地控股集团有限公司(以下简称绿地集团)曾就扬州天顺西项目的获取发放过奖励。扬州天顺西项目中,地位类同于城开公司投资开发部的扬州盛城置业有限公司分得该项目奖励总额的72%,地位类同于投资开发部总经理的扬州盛城置业有限公司负责人范某分得该公司奖金的83%。

南京市秦淮区人民法院一审认为:劳动者的合法权益受法律保护,在约定或者法定的条件成就时,用人单位有义务向劳动者支付报酬。本案必须回应以下争议焦点:

一、本案是否属于劳动争议。彭宇翔与城开公司签订了劳动合同并按照城开公司的指示开展劳动,双方之间存在劳动关系。双方均未抗辩其间存在除劳动关系之外的内部承包、承揽等关系。且存在彭宇翔为城开公司提供劳动、接受城开公司指示,城开公司管理彭宇翔并向其支付报酬、为其配备工作同事并为彭宇翔缴纳社会保险等情节。现彭宇翔主张因提供劳动而产生的奖金提成,完全符合劳动争议纠纷的特征,故本案属于劳动争议纠纷。

二、城开公司是否应当支付奖金提成。关于徐州等三个项目,彭宇翔主张上述项目奖金,但未提供证据原件,彭宇翔亦未能提供任何证据证实其已经将申请提交城开公司并完成审批手续,其提供的复印件无城开公司单位盖章及法定代表人签名。据此,关于该部分的诉讼请求,一审法院不予支持。关于无锡等三个项目,投资开发部向城开公司提交了书面申请且该申请得到了包括城开公司单位法定代表人姚某某在内的签字认可。虽然城开公司在诉讼过程中针对签名的真实性及此三份申请是否已经完全履行过审批程序持有异议,但一审法院综合目前的证据和庭审情况,认定城开公司应当就无锡等三个项目向相关人员发放奖励。

三、彭宇翔所提供的《会议纪要》能否作为定案依据。彭宇翔虽然声称《会议纪要》已生效并据此主张1689083元的奖金,但一审法院认为该纪要存在重大瑕疵,缺乏其能够代表投资开发部全体人员意志的充分证据，该纪要的形成过程及文字的表述亦有明显矛盾和不合理之处，不能作为定案依据使用。

四、彭宇翔主张其应获 1689083 元奖励的请求在本案中的依据是否充分。根据《国家统计局关于工资总额组成的规定》，工资总额由下列六个部分组成：（一）计时工资；（二）计件工资；（三）奖金；（四）津贴和补贴；（五）加班加点工资；（六）特殊情况下支付的工资。其中，奖金是指支付给职工的超额劳动报酬和增收节支的劳动报酬。故奖金系奖励范畴，属于用人单位自主管理的范畴，是否发放、发放对象、发放时间、发放标准、发放条件应当依据劳动合同、集体合同的约定或者规章制度的规定而定。虽然无锡等三个项目奖励申请已经获得相关管理层的确认，但是申请均以投资开发部的名义申请，且双方均认可申请所指向的奖金的参与分配主体除投资开发部人员之外还包括其他配合的部门。尽管彭宇翔提供了没有任何人签名盖章的分配明细以证明奖金分配的具体比例，但这些附页首先证明的内容却是彭宇翔对于有其他部门人员参与分配奖金的自认。彭宇翔声称这些分配明细在提交公司管理层审批时已作为附页同时上交，故应视为已获得认可，但城开公司予以否认，彭宇翔未能提供证据证实自己的该项观点，也未能证实其他部门人员同意此分配方案，在无锡等三个项目申请中也看不出有其他附页或者附件的字样，且在记载分配方案的纸张上也看不出其作为附页存在过。故彭宇翔关于分配明细系无锡等三个项目申请的附件的观点缺乏证据证实。此外，在城开公司提交并获彭宇翔认可的《关于项目拓展奖励报告》（扬州天顺西项目）中，关于奖金的分配明细是作为报告的主文内容出现在报告中并提交管理层审批的，而非记载在一张看不出来历的纸张上。事实上，彭宇翔所提供的高邮项目、徐州项目的奖励申请中也将分配方案作为主文内容提交公司审批。故对于彭宇翔所主张的奖金分配方案，一审法院不予确认。

此外，根据《关于项目拓展奖励报告》（扬州天顺西项目）载明的内容可以看出，对于奖金的分配额度，城开公司是具有管理权限的，至少该次奖励的奖金分配是需要城开公司进行审批的。当然，法院并不认为单位可以利用自己的管理权非法侵害劳动者合法权益，也不当然地认为单位可以以加盖公章出具证明的方式直接确定劳动者应得的利益，尤其是在双方发生矛盾后。但是，彭宇翔仅凭现有证据主张本案的诉讼请求，是明显缺乏依据的。

综上，在彭宇翔依然与城开公司存在劳动关系的情况下，城开公司虽然认可对无锡等三个项目的相关团队作出奖励，但该奖励的对象、金额尚不明确，彭宇翔主张项目奖金依据不足，法院不予支持。据此，依据《中华人民共和国劳动法》第四十七条，《中华人民共和国劳动合同法》第十八条，《中华人民共和国民事诉讼法》第六十四条、第一百四十二条之规定，南京市秦淮区人民法院于 2018 年 9 月 11 日作出（2018）苏 0104 民初 6032 号民事判决：

驳回原告彭宇翔的诉讼请求。

彭宇翔不服一审判决，向南京市中级人民法院提起上诉。

彭宇翔上诉称，一审法院适用法律错误，请求撤销原判，依法改判为支持其在一审期间全部诉讼请求。理由为：(1)六项目已满足89号文规定的获得奖励的条件，投资开发部有权代表作出贡献的各部门及人员向城开公司申报“一揽子”奖励金。(2)投资开发部有权依据有姚某某等人签字的奖励申请，及参照扬州天顺西项目中同等地位的部门或人员的奖励占比情况，获取“一揽子”奖励金中的70%～80%作为部门奖金。如该意见不被法院认可，亦同意由法院酌情确定项目具体的奖励金额。(3)投资开发部的《会议纪要》合法有效，彭宇翔个人作为投资开发部领导，有权依据《会议纪要》获得投资开发部部门奖金的75%作为个人奖金。

城开公司辩称，彭宇翔的上诉理由不能成立，请求驳回上诉，维持原判。理由为：(1)彭宇翔在无锡红梅新天地项目、如皋约克小镇项目中存在失职行为，给城开公司造成巨大损失，其不应获得任何奖励。(2)针对无锡等三个项目，该三个项目的奖励申请上虽有姚某某等城开公司主要领导签字，确立了三个项目“一揽子”奖励金的总额，但奖励申请上未明确各部门奖金分配情况，投资开发部应在明确各部门、人员奖金分配占比后向公司报批，而投资开发部并未上报奖金分配方案，故而该三个项目审批流程尚未完成。针对徐州等三个项目，该三个项目的奖励申请未经任何审批，不应发放。(3)彭宇翔提交的《会议纪要》未经城开公司批准或备案，不产生效力。

二审期间，双方当事人对于一审法院查明的事实均无异议，二审法院予以确认。

二审期间，彭宇翔提交两份证据：(1)城开公司苏南区域总经理徐某朋友圈的手机截屏两张，显示内容为如皋项目的楼房销售广告，该证据证明如皋项目已经完工开售，城开公司主张该项目停工至今导致重大损失与事实不符。(2)江某的证人证言一份，证明其作为无锡等三个项目奖励申请的实际拟稿人，在拟作奖励申请时，受彭宇翔指示专门制作了各部门奖金分配表附在申请之后。城开公司对截屏证据的真实性不予确认，认为与本案无关，但其对徐某为城开公司员工的身份确认，并认可如皋项目已经开售。城开公司对于江某的证人证言真实性不予认可，其主张江某与城开公司也存在劳动争议诉讼，且江某系在彭宇翔离职后随着彭宇翔一同离职，现在与彭宇翔关系亲密，其证人证言的可信度较低。

城开公司提交《情况说明》一份，该说明内容为城开公司员工如需申请89号文规定的项目奖金，需经计划运营部总监法某某、副总经理祝某、总经理姚某某三人的审批。彭宇翔对《情况说明》的内容不持异议，但认为该份说明恰好能证明无锡等三个项目已经过姚某某等三人的签字，履行完了全部的审批手续。

二审法院认证如下：对于彭宇翔提供的朋友圈手机截屏，城开公司虽不认可其真实性，但对徐某为城开公司员工的身份予以确认，并认可如皋项目已开售，故法院对该截屏的真实性予以认可,并确认如皋项目已开售。对于江某的证人证言,因城开公司不予认可,而彭宇翔也不能提供其他证据对该证言反映的内容予以印证,故法院不将其作为认定本案事实的直接依据。对于城开公司提交的《情况说明》,因彭宇翔对其真实性不持异议,故法院对该说明所反映的内容予以认可,并确认:按照89号文的规定,申请项目奖金的有权审批人员为计划运营部总监法某某、副总经理祝某、总经理姚某某。

二审期间,双方当事人一致确认彭宇翔自2017年3月起未再至城开公司上班,城开公司于2017年9月停缴彭宇翔的社会保险。彭宇翔已于2017年6月12日申请劳动仲裁,以城开公司拖欠劳动报酬为由要求解除与城开公司的劳动关系,并要求城开公司补发工资及支付相应的补偿金。

二审中,城开公司认可以下事实:89号文合法有效,应当作为本案审理的依据;案涉六个项目均已成功拿地并进入开发阶段;无锡等三个项目的奖励申请已经过城开公司总经理姚某某等人的初步审批,三个项目奖励总额确定。

二审中,因城开公司主张案涉六个项目的审批流程均未完成,故法院询问城开公司,如彭宇翔现阶段就上述项目继续提出奖励申请,城开公司是否启动审核程序。城开公司明确答复不会再进行审核,因彭宇翔已经离职,其离职行为应当视为其已经放弃了可能获得的奖励,法院追问城开公司离职员工不发放相应奖励有无依据,城开公司答复没有相应的依据。

二审中,关于投资开发部的奖励占比问题,因89号文本身并无具体的规定,法院询问城开公司有无配套的制度对此予以明确,城开公司答复没有。彭宇翔则主张依据其与姚某某的微信聊天记录可知,投资开发部占奖励总额的比例一般为70%~80%,投资开发部奖励申请报告后所附的奖金分配表皆是围绕该比例上下浮动。城开公司对于微信聊天记录的真实性予以确认,但主张各部门具体的奖励分配比例应当由公司领导审核确定。法院询问城开公司有无具体的审核标准,城开公司答复没有。

二审中,因城开公司认为属于投资开发部的奖金不应仅由签署《会议纪要》上的四人来分配,故法院要求其明确哪些员工有权领取,城开公司均以公司已决定不再发放任何奖励为由拒绝正面回答。

二审中,彭宇翔陈述89号文规定的奖励实质即为"拿地奖",其入职之初城开公司即向其承诺只要其成功让城开公司拿下相关项目就可以根据89号文获得相应的奖励,这是其工资的重要组成部分。彭宇翔陈述其在城开公司的固定月工资低于其在前一家用人单位的月工资,如果当时城开公司未在招聘彭宇翔时承诺其有该部分收益,彭宇翔不可能在综合衡量之下愿意跳槽到城开公司。对此,彭宇翔提供其和姚某某的微信聊天记录为凭。城开公司对于微信聊天记录的真实性不持异议,但对89号文的奖励性质没有直接正面回应,其主张89号文虽然在彭宇翔入职之前就已经存在，但由于此前城开公司从未拿过地，无人获得过该奖励，所以也不好评判。

南京市中级人民法院二审认为：

彭宇翔与城开公司的劳动关系合法有效，双方之间均应按照劳动法律法规的规定行使各自的权利、履行各自的义务。根据彭宇翔的上诉请求及城开公司的答辩意见，本案争议焦点为城开公司应否向彭宇翔支付无锡红梅新天地等六个项目的奖励，如应支付则相应的数额如何确定。

一、城开公司应否依据 89 号文向彭宇翔所在的投资开发部发放无锡红梅新天地等六个项目的奖励。

首先，从 89 号文设置的奖励对象来看，投资开发部以引进项目为主要职责，且在城开公司引进各类项目中起主导作用，故其系该文适格的被奖主体；从 89 号文设置的奖励条件来看，投资开发部已成功为城开公司引进符合城开公司战略发展目标的无锡红梅新天地、扬州 GZ051、如皋约克小镇、徐州焦庄、高邮鸿基万和城、徐州彭城机械六个项目，符合该文规定的受奖条件。故就案涉六个项目而言，彭宇翔所在的投资开发部形式上已满足 89 号文规定的奖励申领条件。城开公司不同意发放相应的奖励，应当说明理由并对此举证证明，但本案中城开公司无法证明无锡红梅新天地项目、如皋约克小镇项目存在亏损，也不能证明彭宇翔在两个项目中确实存在失职行为，其关于彭宇翔不应重复获奖的主张亦因欠缺事实依据而无法成立，故城开公司主张彭宇翔所在的投资开发部实质不符合依据 89 号文获得奖励的理由，法院不予采纳。

其次，案涉六个项目奖励申请未经审核或审批程序尚未完成，不能成为城开公司拒绝支付彭宇翔项目奖金的理由。城开公司作为奖金的设立者，有权设定相应的考核标准及考核或审批流程。其中，考核标准系员工能否获奖的实质性评价因素，考核流程则属于城开公司为实现其考核权所设置的程序性流程。在无特殊规定的前提下，因流程本身并不涉及奖励评判标准，故而是否经过审批流程本身不能成为员工能否获得奖金的实质评价要素。城开公司也不应以六个项目的审批流程未启动或未完成为由，试图阻却彭宇翔获取奖金的实体权利的实现。此外，对劳动者的奖励申请进行实体审批，不仅是用人单位的权利，也是用人单位的义务。本案中，89 号文所设立的奖励系城开公司为鼓励员工进行创造性劳动所承诺给员工的超额劳动报酬，其性质上属于《国家统计局关于工资总额组成的规定》第 7 条规定中的“其他奖金”，此时 89 号文不应仅视为城开公司基于用工自主权而对员工行使的单方激励行为，还应视为城开公司与包括彭宇翔在内的不特定员工就该项奖励的获取形成的约定。现彭宇翔通过努力达到 89 号文所设奖励的获取条件，其向城开公司提出申请要求兑现该超额劳动报酬，无论是基于诚实信用原则，还是基于按劳取酬原则，城开公司皆有义务启动审核程序对该奖励申请进行核查，以确定彭宇翔关于奖金的权利能否实现；如城开公司拒绝审核，应说明合理理由。

最后，城开公司未提交充足证据证明彭宇翔存在失职行为及案涉项目存在亏损，也不能对不予审核之行为作出合理解释，其拒绝履行审批义务的行为已损害彭宇翔的合法权益，对此应承担相应的不利后果。

综上，法院认定案涉六个项目奖励的条件成就，城开公司应当依据89号文向彭宇翔所在的投资开发部发放奖励。

二、投资开发部的负责人彭宇翔能否依据《会议纪要》获得投资开发部奖金的75%。

《中华人民共和国劳动法》第四条规定，用人单位应当依法建立和完善规章制度，保障劳动者享有劳动权利和履行劳动义务。用人单位作为规章制度的制定者，在其出台相应奖励政策的情形下，其有义务制定详细的配套制度明确该奖励政策具体应当如何执行，如其未明确相应的具体执行制度，劳资双方因此产生争议，因制度模糊所带来的不利后果应当由用人单位承担。本案中，城开公司无证据证明其有相应的规定确定部门奖金的分配权在城开公司而非投资开发部，其主张该奖金应当经过城开公司全体职工代表大会讨论才能进行分配，欠缺有效的前提条件。投资开发部作为奖金的受领者，应有权决定该奖励的分配方案。审理过程中双方均默认投资开发部的奖励应当经由《会议纪要》制定时投资开发部全体员工的同意才能分配。关于《会议纪要》制定时投资开发部有多少成员，彭宇翔主张在《会议纪要》签订时，投资开发部仅有彭宇翔、冯某、江某、管某四名在职人员，但对此未能提交直接证据予以证明。而城开公司在其初始提交的《南京城开公司在编人员名单》被一审法院驳斥后，亦未进一步提交相应的人员名单明确投资开发部的人员组成。故对于投资开发部究竟有多少人员，双方都欠缺直接有力的证据证明。法院认为，投资开发部的机构人员由城开公司自行设置，城开公司作为人事权利的掌握者、规章制度的架构者、人员招聘的最终决定者及人事变更权利的最终掌有者，其应当对《会议纪要》签订时投资开发部有多少人员承担举证责任，而不能将该事实的举证责任交由彭宇翔承担。城开公司不能举证证明在《会议纪要》制定时投资开发部尚应有其他人员参与，其对此应承担相应的不利后果。法院采信彭宇翔的主张，即在《会议纪要》签订时，投资开发部正式员工即为彭宇翔、管某、冯某、江某，四人签字形成的《会议纪要》能够视为投资开发部的意思表示，彭宇翔有权据此获得投资开发部奖金份额的75%。

三、城开公司向彭宇翔支付案涉六个项目的奖励数额应如何确定。

关于无锡等三个项目的奖励数额。双方当事人对于彭宇翔在申报无锡等三个项目奖励时是否一并申报奖金分配表，均不能提供直接的证据证明。法院经审理认为，城开公司有无对具体的受奖对象及金额进行审核，应结合89号文的规定及案涉奖励申请、双方当事人的陈述来综合认定。(1)从89号文及奖励申请来看。89号文规定的审批程序为，城开公司实际获取项目后，由投资开发部提出书面奖励申请，奖励申请包含奖励人员或团队名单、奖励方式和标准。根据该点可知，投资开发部在向城开公司集团领导报请奖励申请时，应当在奖励申请上附有团队名单、奖励方式和标准，这是集团领导的审核内容之一。同时，以无锡红梅新天地项目为例，投资开发部在该项目奖励申请中写明：建议公司按照项目税后利润×0.4%的标准确认奖金总额，考虑该项目的获取“离不开各单位、部门的帮助。现由我部提出申请，给予项目获取中作出特殊贡献的团队以奖励”。从字面意义上解读，投资开发部并非仅仅申请给予本部门的奖励，而是申请所有“项目获取中作出贡献的单位、部门”的奖励。(2)从投资开发条线奖金占比的其他侧面证据来看。其一，根据《关于同意南京城开投资条线奖励金分配方案的批复》附件《南京城开奖金发放明细》，可以看出城开公司对2017年获取项目进行奖励时，投资条线和其他配合条线人员的奖金占比为投资条线占70%，其他条线占30%。其二，城开公司提供的扬州盛城置业有限公司于2017年1月13日出具的《关于项目拓展奖励报告》中也明确，地位与城开公司投资开发部相同的扬州盛城置业有限公司在扬州天顺西项目获取过程中发挥了关键性作用，分得总奖金的72%。其三，彭宇翔与姚某某的微信聊天记录中，姚某某陈述“投资条线占(奖励的)70%～80%”。上述证据虽然皆非投资开发部应在89号文奖励金额总额中占比多少的直接证据，但参照上述事实可知，彭宇翔针对无锡等三个项目主张的投资开发部的奖励占比，并未超出本案现有全部证据所能分析得出的合理范围。

综上，虽然彭宇翔确无直接证据证明无锡等三个项目的奖金分配表作为奖励申请的附件一并提交给姚某某等三人审批，但由于89号文明确规定受奖者的奖励申请需包括奖励对象名单和奖励标准，且考虑城开公司现已明确拒绝对无锡等三个项目继续进行审批又不能作出有依据的合理解释，应当承担不利后果，再考虑彭宇翔提出的分配比例在合理范围内，法院综合分析上述情形，认定投资开发部在奖励申请中附有相应各部门及人员名单的盖然性要高于仅有一奖励总额，未提及任何受奖部门、人员及受奖比例的奖励申请的可能性。故法院认定，对于无锡等个三项目，投资开发部应按照奖励申请后所附的奖金分配表享有相应的奖励份额。再结合投资开发部《会议纪要》中关于部门总经理有权获得部门奖金75%的规定，城开公司应向彭宇翔支付奖励金额867525元[投资开发部三个项目奖金数额(50.23万元+20万元+45.44万元)×项目经理奖金占比75%]。

关于徐州等三个项目的奖励数额。因对徐州等三个项目的奖励申请上无城开公司相关人员签字确认，城开公司又明确拒绝行使审核权确定奖励系数及投资开发部的奖金占比，89号文对奖励系数、部门奖金占比亦缺乏具体的实施细则，故根据本案现有证据无法直接确定投资开发部所能享有奖金的准确数额。根据《中华人民共和国劳动法》第四条的规定，用人单位应当依法建立和完善规章制度,保障劳动者享有劳动权利和履行劳动义务。用人单位作为规章制度的制定者,在其出台相应奖励政策的情形下,其有义务制定详细的配套制度明确该奖励政策具体应当如何执行,如其未明确相应的具体执行制度,劳资双方因此产生争议的情形下,因制度模糊所带来的不利后果应当由用人单位承担,而不应归于劳动者。故法院基于89号文的基本内容,参考奖励申请上彭宇翔主张的数额及扬州天顺西项目中奖励发放的情况,从合理平衡双方利益的角度上,以公平原则酌定:关于奖励基数,根据徐州等三个项目的T29项目报告,该三个项目的预期利润为确定值,分别为19205万元、14810万元、11047万元,共计45062万元。关于奖励系数,已获批准的无锡等三个项目的奖励系数分别为0.4%、0.5%、0.4%,徐州等三个项目中彭宇翔自行主张的奖励系数为0.4%、0.2%、0.3%,酌定以0.2%进行计算。关于投资开发部的奖金占比,无锡等三个项目的奖金分配表上所采用比例为81%、58%、79%,徐州等三个项目彭宇翔自行主张的奖金占比为73.9%、76%、90.8%,扬州天顺西项目中扬州盛城置业有限公司的奖金占比为72%,酌定以58%计算。综上,徐州等三个项目投资开发部应获奖金数额为52.27万元[项目预期利润(19205万元+14810万元+11047万元)×奖励系数0.2%×投资开发部奖金占比58%],再结合投资开发部《会议纪要》中关于部门总经理有权获得部门奖金75%的规定,城开公司应向彭宇翔支付奖励金额392039.4元(52.27万元×75%)。

综上,上诉人彭宇翔的上诉请求具有一定的事实和法律依据,部分予以支持,依照《中华人民共和国劳动合同法》第四十七条、第八十七条,《最高人民法院关于民事诉讼证据的若干规定》第二条,《中华人民共和国民事诉讼法》第一百七十条第一款第二项的规定,南京市中级人民法院于2020年1月3日作出(2018)苏01民终10066号民事判决:

一、撤销南京市秦淮区人民法院(2018)苏0104民初6032号民事判决;

二、南京市城市建设开发(集团)有限责任公司于判决生效之日起十五日内支付彭宇翔奖励金额1259564.4元。

案例报送单位:南京市中级人民法院
一审独任审判员:沈小军
二审合议庭成员:冯　驰、吴晓静、陆红霞
报送人:冯　驰、刘　懿
审稿人:缪　芳

江卫民诉南京宏阳房产经纪有限公司房屋租赁合同纠纷案

（2022）参阅案例10号

【裁判摘要】

出租人向承租人提供的租赁物应符合租赁用途。出租人提供有害气体超标的房屋，危及承租人的生命健康安全，致使承租人的租赁目的无法实现的，承租人有权要求解除合同并退还租金、押金等款项。

【相关法条】

《中华人民共和国民法典》第五百六十三条　有下列情形之一的，当事人可以解除合同：

（一）因不可抗力致使不能实现合同目的；

（二）在履行期限届满前，当事人一方明确表示或者以自己的行为表明不履行主要债务；

（三）当事人一方迟延履行主要债务，经催告后在合理期限内仍未履行；

（四）当事人一方迟延履行债务或者有其他违约行为致使不能实现合同目的；

（五）法律规定的其他情形。

以持续履行的债务为内容的不定期合同，当事人可以随时解除合同，但是应当在合理期限之前通知对方。

第五百六十六条　合同解除后，尚未履行的，终止履行；已经履行的，根据履行情况和合同性质，当事人可以请求恢复原状或者采取其他补救措施，并有权请求赔偿损失。

合同因违约解除的，解除权人可以请求违约方承担违约责任，但是当事人另有约定的除外。

主合同解除后，担保人对债务人应当承担的民事责任仍应当承担担保责任，但是担保合同另有约定的除外。

第七百零八条　出租人应当按照约定将租赁物交付承租人，并在租赁期限内保持租赁物符合约定的用途。

第七百三十一条　租赁物危及承租人的安全或者健康的，即使承租人订立合同时明知该租赁物质量不合格，承租人仍然可以随时解除合同。

【点评】

近年来，随着我国城镇化进程的不断加速，大量人口涌入城市，带来了旺盛的租房需求。在房屋租赁行业繁荣发展的同时，因相关法律规制不足、市场监管不力，也产生种种行业乱象，严重影响了承租人的居住舒适度和幸福感。实践中，部分房屋租赁企业为快速获取利润、回笼资金，最大限度地提高房屋出租率、缩短房屋空置时间，将不符合国家有关环保标准的房屋出租，危及承租人的健康。本案是一起因租赁房屋中甲醛等含量超标而引起的房屋租赁纠纷。法院认为，出租人的核心义务是提供符合租赁用途，具有使用价值的房屋。出租人提供空气质量不合格的房屋，危及承租人的生命健康安全，致使承租人的租赁合同目的无法实现的，构成根本违约，承租人有权要求解除合同并退还已经支付的租金、押金等费用。本案判决有利于引导广大租客和房屋租赁企业关注租赁房屋空气质量问题，推动房屋租赁行业在绿色、健康的轨道上规范发展，充分发挥了司法裁判的规范、指导、引领作用，对维护人民群众身心健康、保障人民群众安居乐业有积极意义。

原告：江卫民，男，25 岁，汉族，住江西省九江市都昌县。

被告：南京宏阳房产经纪有限公司，住所地江苏省南京市江宁区东山街道。

原告江卫民因与被告南京宏阳房产经纪有限公司（以下简称宏阳公司）房屋租赁合同纠纷一案，向南京市江宁区人民法院提起诉讼。

原告江卫民诉称：原告于 2021 年 3 月在被告宏阳公司处租赁了位于南京市江宁区津桥华府小区 × 幢 206 室 A 间房屋，并签订房屋租赁合同。合同约定，租金每月 1100 元，押一付三。入住后，感到全身不适，其怀孕的妻子亦生病。其即与宏阳公司协商换房或退租事宜，但宏阳公司一直不愿处理，无奈之下原告于同年 6 月自费找到检测机构对房屋的室内空气质量进行检测。检测报告显示，室内空气中的甲醛值、总挥发性有机物值均超标。考虑妻子有孕在身，其不愿再住在该房屋内，但多次与宏阳公司协商退房无果。原告为保护自身权益诉至法院，请求：(1)判令解除原、被告之间的房屋租赁合同；(2)判令被告立即退还其交纳的各项费用合计6556元(具体明细为：2021年3月28日交纳的租金3300元、物业管理费1056元、押金1100元、2021年5月16日交纳的租金1100元)；(3)被告承担诉讼费用。

被告宏阳公司辩称：原告江卫民未按约定的时间交纳租金，构成违约。被告在原告起诉后自行对室内有害气体进行了检测，结果未超标，不同意原告的诉讼请求。

南京市江宁区人民法院一审审理查明：

被告宏阳公司从事房地产经纪、住房租赁等业务。2021年3月21日，宏阳公司(甲方)与原告江卫民(乙方)签订《房屋租赁合同》(编号：000469)一份，约定甲方将位于南京市江宁区津桥华府小区×栋206室A间房屋出租给乙方使用，租期自2021年3月22日起至2022年7月15日止；租金每月1100元，押一付三，首期租金3300元于2021年3月22日支付，第二期租金3300元于同年5月15日支付，以此类推；甲方收取乙方保证金1100元，公共区域保洁、维修、宽带、物业管理费1056元。合同还约定了其他内容。合同签订后，宏阳公司将房屋交给江卫民使用，江卫民支付租金3300元、物业管理费1056元、押金1100元，合计5456元，宏阳公司于2021年3月28日出具收据一份。2021年5月16日，江卫民又支付租金1100元。

2021年4月，江卫民妻子陈某某(已怀孕)出现身体不适，至江苏省人民医院、东部战区总医院等医疗机构检查，诊断为慢性肾小球肾炎。江卫民认为上述疾病与室内甲醛超标有关，自行购买甲醛检测试纸检测，结果超标，故与宏阳公司业务员联系要求退租。双方协商中，宏阳公司工作人员韩某某于2021年6月1日联系江卫民催缴第二期剩余租金，江卫民要求宏阳公司配合其找具有相应资质的机构进行甲醛检测，韩某某回复“你租个房子还什么甲醛，有这条件你自己买房子住去呗”“我这还第一次听说租房还有甲醛检测的”“你爱住就住，不住晚上搬走，我下面找不在乎这些什么甲醛、乙醛的租客”。

与宏阳公司协商未果后，江卫民自行委托江苏智然检测有限公司(以下简称智然公司)对案涉房屋内的空气质量进行检测。2021年6月2日，智然公司上门采样。2021年6月7日，智然公司出具(2021)苏智监(室环)字第(202106090)号检测报告，结果为甲醛检测值0.213毫克/立方米，苯检测值0.035毫克/立方米，甲苯检测值0.062毫克/立方米，二甲苯检测值0.085毫克/立方米，总挥发性有机物TVOC检测值0.863毫克/立方米，甲醛、总挥发性有机物 TVOC 不合格。江卫民取得上述检测报告后，搬出租赁房屋并告知宏阳公司，且将房门钥匙邮寄交还宏阳公司。

另查明，根据原国家质量监督检验检疫总局、原卫生部、国家环境保护总局联合发布的《室内空气质量标准》(GB/T 18883-2002)，室内空气中的甲醛含量应小于等于0.10毫克/立方米，总挥发性有机物TVOC含量应小于等于0.60毫克/立方米。智然公司具有中国计量认证(CMA)证书(编号:171012050167)，具备相应环境与环保检测资质。

再查明，2021年6月29日，江卫民就本案纠纷向法院提起诉讼，法院委托相关特邀调解组织进行了诉前调解，起诉状副本、证据等材料由法院特邀调解组织于2021年7月3日送达宏阳公司。

审理中，宏阳公司陈述，案涉房屋于2017年即已装修，虽装修完成时并未检测，但其在江卫民起诉后进行了检测，室内空气质量是合格的，并提交一份由智然公司出具的检测报告[(2021)苏智监(室环)字第(202111452)号]，采样时间为2021年11月18日，结果中甲醛检测值0.090毫克/立方米、总挥发性有机物TVOC检测值0.424毫克/立方米，均符合国家标准。法院于2021年11月26日至智然公司就两份检测报告结果不一致问题进行调查。智然公司法定代表人高某陈述，两次检测所用的仪器、检测方法及标准均相同，但甲醛和总挥发性有机物TVOC的挥发量与温度、湿度、密闭时间等环境因素有较大关系，两份报告间隔近半年，有害物质也会随时间挥发减少；从报告本身数值看，即便在冬天(挥发性会随温度降低)，甲醛数值也接近国家标准上限。

南京市江宁区人民法院一审认为：

出租人的核心义务是向承租人提供符合租赁用途，具有使用价值的租赁物。出租人提供有害气体超标的租赁房屋，侵害了承租人以安全健康为内容的人格权，致承租人的租赁目的无法实现，故相关房屋不得用于出租，已出租房屋亦无权收取租金，承租人有权要求解除合同并退还全部款项。

本案中，被告宏阳公司作为经营房屋租赁业务的企业，应主动对室内空气质量进行检测、治理，使之符合国家有关环保标准。在宏阳公司既未主动进行室内空气质量检测，又拒绝配合承租人进行空气质量检测的情况下，原告江卫民有权自行委托有资质的检测机构进行检测，宏阳公司无权以江卫民单方检测为由拒绝承认检测结果。根据江卫民提交的检测报告，宏阳公司出租的房屋中甲醛、总挥发性有机物TVOC严重超标，可能致使用人受到严重健康损害。虽无确定的证据可以证明江卫民妻子的疾病由上述有害气体引起，但不能排除与有害气体超标导致的免疫力减退等因素有关。宏阳公司虽也提供同一机构的检测报告证明室内空气质量符合标准，但其检测时间在江卫民检测之后较久，根据气体的挥发性质，相应有害气体检测值可能随时间、温度或通风、治理等情况逐渐减少，不能据此证明江卫民居住期间的空气质量合格。且从第二份报告检测值来看，即便在间隔近半年、有害气体挥发性较弱的冬天，甲醛数值也接近国家标准上限，亦佐证了第一份报告结论的正确性。

据此，本案租赁合同应予解除。江卫民要求解约的主张通过法院特邀调解组织送达起诉状副本于2021年7月3日到达宏阳公司，故应认定房屋租赁合同于当日解除。合同解除后，宏阳公司应退还江卫民支付的全部款项6556元。

综上，依照《中华人民共和国民法典》第三条，第五百六十三条第一款第四项，第五百六十五条第二款，第五百六十六条第一款、第二款，第七百零八条；《中华人民共和国民事诉讼法》第六十四条第一款之规定，南京市江宁区人民法院于2021年12月7日作出(2021)苏0115民初12414号民事判决：

一、原告江卫民与被告南京宏阳房产经纪有限公司之间的《房屋租赁合同》(编号:000469)于2021年7月3日解除。

二、被告南京宏阳房产经纪有限公司于判决发生法律效力之日起10日内返还原告江卫民租金4400元、物业费1056元、押金1100元，合计6556元。

宏阳公司不服一审判决，向南京市中级人民法院提起上诉。

宏阳公司上诉称：(1)关于甲醛问题，其已告知江卫民可以调房，但江卫民不同意。(2)根据合同约定，江卫民属于违约。(3)江卫民只向其登记一人居住，未告知实际居住二人。(4)2021年5月15日向江卫民收租金时，江卫民未提出甲醛问题，江卫民只支付一个月租金，属于违约。(5)其收到钥匙前，房屋仍由江卫民控制。(6)通过其检测，室内甲醛未超标。(7)其也未在屋内添置甲醛超标的物品。遂请求二审法院判令：撤销一审判决，改判其退还江卫民2156元，江卫民向其承担违约金2200元。

二审审理过程中，因宏阳公司经合法传唤，无正当理由未到庭参加诉讼，南京市中级人民法院于2022年2月17日作出(2022)苏01民终418号民事裁定：

本案按上诉人南京宏阳房产经纪有限公司撤回上诉处理。一审判决自本裁定书送达之日起发生法律效力。

案例报送单位：南京市江宁区人民法院
一审独任审判员：李　青
二审独任审判员：刘　凡
报送人：李　青
审稿人：左一凡

刘皖苏诉淮安市住房公积金管理中心确认行政行为违法案

（2022）参阅案例11号

【裁判摘要】

住房公积金管理部门审查公积金提取申请时，在房屋存在过度频繁交易、交易价格异常、与购房人居住生活区域相距很远、卖方代理人多次为同一人等不合常理的情形下，应当履行审慎审查义务。对于不符合住房公积金用于自住住房这一法定条件的公积金提取申请，住房公积金管理部门依法不予准许的，人民法院应予支持。

【相关法条】

1.《住房公积金管理条例》第五条　住房公积金应当用于职工购买、建造、翻建、大修自住住房，任何单位和个人不得挪作他用。

第二十四条　职工有下列情形之一的，可以提取职工住房公积金账户内的存储余额：

（一）购买、建造、翻建、大修自住住房的；

（二）离休、退休的；

（三）完全丧失劳动能力，并与单位终止劳动关系的；

（四）出境定居的；

（五）偿还购房贷款本息的；

（六）房租超出家庭工资收入的规定比例的。

依照前款第（二）、（三）、（四）项规定，提取职工住房公积金的，应当同时注销职工住房公积金账户。

职工死亡或者被宣告死亡的，职工的继承人、受遗赠人可以提取职工住房公积金账户内的存储余额；无继承人也无受遗赠人的，职工住房公积金账户内的存储余额纳入住房公积金的增值收益。

2.《中华人民共和国行政诉讼法》第六十九条　行政行为证据确凿，适用法律、法规正确,符合法定程序的,或者原告申请被告履行法定职责或者给付义务理由不成立的,人民法院判决驳回原告的诉讼请求。

【点评】

住房公积金的管理和使用关系广大缴存职工群体的合法权益,关系城镇住房建设和居民居住水平的提高。住房公积金通过汇集缴存职工的账户余额,将部分没有购房需求职工的资金统筹调剂给部分购房资金不足的职工,以提供低息住房贷款的方式,解决城镇职工的基本住房问题,具有互助性、专用性和强制性的特点。一般情况下,住房公积金管理部门对公积金提取申请进行形式审查,符合法律规定的,应准许提取。但本案存在房屋频繁交易达 8 次、交易价格异常、房屋坐落与职工居住生活区域相距很远、卖方代理人多次为同一人等诸多不合常理的情形。在审查公积金提取申请时,住房公积金管理部门履行了审慎审查义务。法院认为,对不符合住房公积金用于购买自住住房这一法定条件的提取申请不予准许,符合《住房公积金管理条例》规定和公积金制度的设立目的。本案判决有力打击了通过虚构住房消费等手段违规提取住房公积金的不诚信行为,有效维护了住房公积金管理秩序,充分保障了广大缴存职工的合法权益。

原告:刘皖苏,男,43 岁,住淮安市清江浦区。

被告:淮安市住房公积金管理中心,住所地淮安市清江浦区健康东路 55 号房产大厦 7 楼。

原告刘皖苏因与被告淮安市住房公积金管理中心确认行政行为违法一案,向淮安市清江浦区人民法院提起诉讼。

原告刘皖苏诉称:原告于 2020 年 10 月 15 日全款购买(苏)2020 盱眙县不动产权第 0026384 号住房,相关网签合同、发票、权证合法完整。依据《住房公积金管理条例》第二十四条第一款的规定,原告享有提取本人住房公积金账户余额的合法权利。淮安市住房公积金管理中心于 2021 年 2 月 4 日出具的《住房公积金不准提取告知书》剥夺本人合法权利,没有法律依据,故请求法院依法确认被告作出的《住房公积金不准提取告知书》违法。

被告淮安市住房公积金管理中心辩称:被告作为全市职工住房公积金管理机构,对全市职工的公积金提取是否符合法律规定,依法履行审查职责,维护全市缴存住房公积金职工的合法权益。根据《住房公积金管理条例》第五条的规定,住房公积金应当用于职工购买、建造、翻建、大修自住住房,任何单位和个人不得挪作他用。该条例第二十四条第一款规定,职工购买、建造、翻建、大修自住住房的,可以提取住房公积金账户内的存储余额。原告刘皖苏申请提取公积金的理由是购买自住住房。根据《住房公积金管理条例》相关释义规定,“自住住房”指提取住房公积金职工居住其内且对该房屋拥有所有权的住房。但经被告调查了解,原告刘皖苏是淮安市某书店职工,其所购买的房屋位于盱眙县淮河化工厂生活区。经现场查看,该房屋老旧、门窗破损,无人居住。该房屋应是为了提取公积金虚构交易使用。经向盱眙县税务和不动产管理部门了解,该房屋交易价约3万~4万元,而原告刘皖苏提供的购房合同约定房屋交易价为10万元,远远高于市场价,且与原告刘皖苏公积金账户余额8.4万元相近。经查,该房近几年频繁交易,2017年以来,已经交易8次,其中多次提取公积金。根据上述事实,原告的申请不符合住房公积金用于解决自住住房的法定条件。住房公积金制度是一种社会保障制度,准予原告的提取申请会侵害全市其他缴存者的利益。综上,被告作出的《住房公积金不准提取告知书》认定事实清楚、适用法律正确,请求人民法院依法驳回原告的诉讼请求。

淮安市清江浦区人民法院一审审理查明:

刘皖苏是某书店集团有限公司淮安市分公司员工,用人单位为其缴存了住房公积金。

2020年10月16日,原告刘皖苏作为房屋买受人与出卖人柳某签订《房屋买卖合同》,合同约定原告购买柳某所有位于淮安市淮化生活区×幢103室的房屋,房屋权证号码为:苏(2019)盱眙县不动产权第0××××71号,转让面积63.84平方米,房屋总价款为10万元。房屋出卖人委托贾某为代理人并经南京市雨花台公证处公证。《房屋买卖合同》签订当天,贾某向国家税务总局盱眙县税务局先后缴纳1000元、6250元税款,税务局向原告出具税收完税证明以及金额为10万元的增值税发票。同日,原告办理了不动产转移登记,取得了苏(2020)盱眙县不动产权第0026384号不动产权证书。

后原告刘皖苏向被告淮安市住房公积金管理中心申请提取住房公积金,原告提交了申请提取住房公积金的相关材料,包括不动产权证书、不动产(存量房)买卖合同、购买住房增值税发票等。审批期间,被告工作人员前往淮安市淮化生活区×幢103室进行调查,原告不在家,被告工作人员在房屋实地调查并录像拍照。2021年2月4日,被告出具《住房公积金不准提取告知书》,以原告的公积金提取申请不符合住房公积金用于解决职工自住住房原则为由,不准予原告提取住房公积金。原告对此不服,提起本案行政诉讼。

关于原告刘皖苏支付房屋价款和税款的情况。在庭审中,刘皖苏陈述其支付10万元的房屋价款的方式为:其先行支付4万元现金作为定金(买卖成功后折抵房款),后通过中国建设银行转账6万元给房产中介。而在之后的询问谈话中,刘皖苏陈述10万元的房屋总价款中,1万元定金于10月12日通过其银行卡支付给卖方的委托代理人贾某,4万元于10月16日以现金给付贾某,5万元于10月19日通过建行卡支付给贾某,并且是其本人通过银行卡和支付宝缴纳购买房屋相关税费。但经过法院核实,原告提交的转账记录中,涉及的银行卡并非其本人银行卡,而是案外人刘某某的银行卡。刘某某通过银行卡分别于2020年10月12日、10月19日,向柳某的委托代理人贾某转账1万元、5万元。2020年10月20日,贾某又向刘某某账户转回5万元。

另查明,涉案房屋自2017年至今,共计交易8次,具体情况如下:

第1次交易。庄某某作为房屋买受人于2017年1月3日签订《不动产转让合同》,房屋出卖人委托刘某某为代理人并经南京市雨花台公证处公证,房屋价款为52510元。庄某某于2017年1月4日申请提取公积金账户金额5万元,提取后公积金账户余额为:268.94元。

第2次交易。吴某某作为房屋买受人于2017年3月29日签订《不动产转让合同》,房屋出卖人委托刘某某为代理人并经盱眙县公证处公证,房屋价款为85000元。吴某某于2017年3月30日申请提取公积金账户金额54000元,提取后公积金账户余额为:97.3元。

第3次交易。窦某某作为房屋买受人于2017年5月15日签订《不动产转让合同》,房屋出卖人委托贾某为代理人并经盱眙县公证处公证,房屋价款为10万元。窦某某于2017年5月18日申请提取公积金账户金额93000元,提取后公积金账户余额为:611.59元。

第4次交易。娄某作为房屋买受人于2017年5月22日签订《不动产转让合同》,房屋出卖人委托贾某为代理人并经盱眙县公证处公证,房屋价款为101000元。但因娄某曾注销公积金账户,无法查询其购买涉案房屋前后的公积金账户存缴明细及提取状态。

第5次交易。金某某作为房屋买受人于2017年6月28日签订《不动产转让合同》,房屋出卖人委托贾某为代理人并经盱眙县公证处公证,房屋价款为108000元。金某某于2017年6月30日申请提取公积金账户金额101500元,提取后公积金账户余额为:85.88元。

第6次交易。韦某某作为房屋买受人于2017年7月2日签订《不动产转让合同》,房屋出卖人委托贾某为代理人并经盱眙县公证处公证,房屋价款为115000元。韦某某于2017年7月17日申请提取公积金账户金额97000元,提取后公积金账户余额为:5734.24元。

第7次交易。柳某作为房屋买受人于2019年9月12日签订《不动产转让合同》,房屋出卖人委托贾某为代理人并经盱眙县公证处公证,房屋价款为58000元。柳某于2019年9月18日申请提取公积金账户金额40100元,提取后公积金账户余额为:101.4元。

第8次交易,即本案原告刘皖苏作为房屋买受人于2020年10月16日签订《房屋买卖合同》。后刘皖苏申请提取住房公积金账户金额,被告出具《住房公积金不准提取告知书》。

经查,涉案房屋外表老旧、无人居住,周边多老人居住,距小学、医院约1.8公里,距盱眙县市区约15公里。经咨询当地房产中介机构,涉案房屋估价不超过6万元,且基本交易清淡,无人问津。

淮安市清江浦区人民法院一审认为,我国住房公积金制度是社会性、互助性、政策性的社会保障制度，有利于筹集、融通住房资金，提高职工商品房购买能力。住房公积金的管理关系广大住房公积金缴存人合法权益的维护，关系城镇住房建设和居民居住水平的提高，具有很强的公益性。住房公积金是在职职工及其所在单位缴存的长期住房储金，虽属于职工个人所有，但基于住房公积金制度的社会性、互助性、政策性，其提取仍需满足住房公积金提取的形式条件及设立目的。

关于购买自住住房提取公积金条件的问题。根据《住房公积金管理条例》第二十四条之规定："职工有下列情形之一的，可以提取职工住房公积金账户内的存储余额：(一)购买、建造、翻建、大修自住住房的……"。《淮安市住房公积金提取管理实施细则》第十一条之规定，职工提取本人住房公积金的，应当提供本人居民身份证、银行卡和《淮安市住房公积金提取申请书》，并按提取原因出具相关证明材料。第十四条之规定："职工购买、建造、翻建、大修自住住房的，提供下列相关证明材料：……购买二手房的，提供不动产(存量房)买卖合同、税收缴款书和交易过户后的不动产权证书……"根据上述规定，购买自住住房提取公积金既需要满足淮安市地方规范性文件规定的形式要件也需要符合《住房公积金管理条例》中购买自住住房这一实质要件。本案中，原告购买的房屋为二手房，原告按规定提供房屋(存量房)买卖合同、购房增值税发票和涉案房屋的不动产权证书等证明材料，符合申请提取公积金的形式要件。但由于存在涉案房屋过度频繁交易且交易价格异常、房屋坐落与购房人居住生活区域相距很远、卖方代理人多次为同一人等不合常理的情形，故仍需考量原告申请提取职工住房公积金账户存储余额是否符合购买自住住房这一实质要件。具体分析如下：

首先，涉案房屋自 2017 年至今，交易次数极为频繁。尤其是 2017 年的 1 月、3 月、5 月、6 月、7 月，接连发生房屋买卖，且买房人均非盱眙本地人。而涉案房屋交易价款异常大幅度波动，如上述第 6 次交易的价格为 115000 元，第 7 次价格却为 58000 元，第 8 次交易价格又为 10 万元，显然不符合房屋买卖的正常市场规律。

其次，房屋价款均与房屋买受人公积金账户内余额接近。在涉案房屋自 2017 年至今的 8 次交易中，除娄某因曾注销公积金账户，无法查询其公积金账户存缴明细及提取状态之外，原告之前的房屋买受人均于取得不动产权属证书后提取公积金，且提取的金额均与公积金账户余额非常接近。此外，除第 6 次交易的韦某某在签订不动产转让合同半个月内提取公积金，其他买受人均于合同签订一周内提取。

再次，卖方的委托代理人均为刘某某或贾某，而在本案中，正是通过刘某某的账户向贾某支付了刘皖苏的购房款，支付完成后，贾某旋即将相关款项转回刘某某账户。审理期间，法院拨打房屋买卖合同上载明的涉案房屋出卖人柳某的电话核实案情，接电话的却是刘某某。

最后，原告虽主张其全款购买了涉案房屋，但对于付款的方式和数额，前后陈述相互矛盾；原告所举证的转账记录恰恰证明其在房屋交易过程中并无实际付款行为,甚至依法应当由购房人缴纳的税款均非原告缴纳,显与常理不符。

综上,原告主张其购买自住住房,无事实依据,其公积金提取申请不符合《住房公积金管理条例》第二十四条中对住房公积金提取条件规定的实质要求和公积金制度的设立目的。被告不准予原告提取住房公积金并无不当,应予支持。依照《中华人民共和国行政诉讼法》第六十九条之规定,淮安市清江浦区人民法院于2021年10月8日作出(2021)苏0812行初128号行政判决:

驳回原告刘皖苏的诉讼请求。

一审宣判后,双方当事人均未上诉,一审判决已经发生法律效力。

案例报送单位:淮安市清江浦区人民法院
一审合议庭成员:方卫东、刘学东、马月红
报送人:蒋同一、方卫东、张春云
审稿人:戴鲁霖

李爱芳、朱雪风、朱水风、安邦诉北京神州汽车租赁有限公司等机动车交通事故责任纠纷案

【编者按】

随着互联网的快速发展，网络共享租赁模式逐渐兴起，尤其是共享汽车租赁业务的出现，满足了个性化出行需求的同时最大程度降低了出行成本，获得了众多年轻消费者的青睐。新业态新模式的兴起既为经济社会发展注入了新动能，也带来了新的法律问题，需及时予以规范引导。本案中，法院对互联网租车企业未足额购买所承诺保险额度的不诚信行为予以否定性评价，明确互联网租车企业未按照承诺为车辆足额投保商业三者险的，应在不足范围内承担赔偿责任。同时，根据互联网租车企业的风险防控能力，合理认定其提示说明、采取安全措施的义务范围，划分了互联网租车企业与用户对事故的责任，明确互联网租车企业未尽到风险控制义务，租车人驾驶租用车辆发生交通事故，造成他人损害的，平台应当承担相应的赔偿责任。本案裁判结果对维护广大消费者的合法权益，树立正确的价值导向，规制不诚信行为，推动互联网租车企业完善管理、健康发展具有积极意义。本篇裁判文书入选第四届全国法院“百篇优秀裁判文书”。

江苏省苏州市中级人民法院
民事判决书

（2020）苏05民终8381号

上诉人（原审被告）：北京神州汽车租赁有限公司，住所地北京市朝阳区望京中环南路甲2号三层。

法定代表人：罗永波，公司经理。

委托诉讼代理人：杜晓明，男，1990年生，汉族，住福建省泉州市洛江区，公司员工。

委托诉讼代理人：王鹏，男，1987年生，汉族，住天津市武清区，公司员工。

被上诉人（原审原告）：李爱芳，女，1953年生，汉族，住江苏省苏州市吴中区。

被上诉人（原审原告）：严叶青，男，1983年生，汉族，住江苏省苏州市吴中区。

被上诉人（原审原告）：朱雪凤，女，1977年生，汉族，住江苏省苏州市吴中区。

被上诉人（原审原告）：朱水凤，女，1980年生，汉族，住江苏省苏州市吴中区。

以上四被上诉人共同委托诉讼代理人：李纯、李慧卉，江苏鸿永律师事务所律师。

被上诉人（原审被告）：安邦，男，1987年生，汉族，住河南省泌阳县。

原审被告：北京神州汽车租赁有限公司合肥分公司，住所地安徽省合肥市瑶海区临泉路信地城市广场立体停车库四楼。

负责人：李霞，该公司经理。

原审被告：中国人民财产保险股份有限公司昆明市分公司，住所地云南省昆明市东风西路123号三合商利写字楼。

负责人：王彦，该公司总经理。

委托诉讼代理人：李剑文，云南博奕律师事务所律师。

委托诉讼代理人：杨梅，云南博奕律师事务所律师实习律师。

上诉人北京神州汽车租赁有限公司（以下简称神州租车公司）因与被上诉人李爱芳、朱雪凤、朱水凤、安邦与原审被告北京神州汽车租赁有限公司合肥分公司（以下简称神州租车合肥分公司）、中国人民财产保险股份有限公司昆明市分公司（以下简称人保昆明分公司）机动车交通事故责任纠纷一案，不服苏州市吴中区人民法院（2020）苏0506民初2143号民事判决，向本院提起上诉。本院于2020年9月2日立案受理后，依法适用独任制进行审理，后转为合议庭继续进行审理。本案现已审理终结。

神州租车公司上诉请求：（1）撤销苏州市吴中区人民法院（2020）苏0506民初2143号民事判决第三项，依法改判上诉人不承担赔偿责任；（2）本案一、二审诉讼费用由被上诉人承担。事实和理由：（1）本案系机动车交通事故责任纠纷，而上诉人是否提示投保金额是车辆租赁法律关系中上诉人作为出租人的义务问题，与本案属不同法律关系。并且，上诉人是否提示投保金额与本案严阿四的死亡不存在因果关系；（2）实习期内驾驶机动车上高速公路行驶，应当由持有相应或者更高准驾车型驾驶证三年以上的驾驶人陪同，已有法律规定，为公众所知晓，再要求上诉人尽安全提示义务，显属苛责，且本案事故并非发生在高速公路上；（3）上诉人将车辆出租给安邦时，对安邦的驾驶人资格进行了审核，且出租的车辆符合机动车国家安全技术标准,亦投保了机动车强制责任险,上诉人对事故的发生没有过错,不应承担赔偿责任。

被上诉人李爱芳、严叶青、朱雪凤、朱水凤、安邦辩称:第一,上诉人作为涉案车辆的出租方,其未在租赁合同中提示车辆商业三者险投保的金额仅为5万元,驾驶人员不清楚车辆的投保状况,使其在使用车辆中对自身风险承担处于不尽知的状态,上诉人的该行为违反诚信和公平原则。第二,上诉人在审核驾驶证时,明知承租人的驾驶证尚在实习期,但未提醒驾驶员不能单独上高速,同时也没有在出租的车辆上张贴实习标志,本案确实存在驾驶员连续在高速上驾驶了十多个小时一千多公里,致使驾驶员疲劳才导致的事故。综上,上诉人未尽到安全提示义务,一审法院认定事实清楚,适用法律正确,请求驳回上诉,维持原判。

原审被告神州租车合肥分公司未作陈述。

人保昆明分公司述称,一审原告在一审中主张的费用已经超过了保险限额,保险人在保险限额内足额承担保险责任,超过保险限额的部分由侵权人按责分担。一审法院的判决在事实认定、法律关系和对一审原告诉求的判决上均符合法律规定,请求二审驳回上诉人的上诉请求,维持原判。

李爱芳、严叶青、朱雪凤、朱水凤向一审法院起诉请求:(1)判令安邦、神州租车合肥分公司、神州租车公司赔偿其死亡赔偿金、医疗费、丧葬费、交通费等各项损失合计人民币1101037.22元;(2)人保昆明分公司在保险范围内承担赔偿责任;(3)各原审被告承担本案的诉讼费用。审理中,李爱芳等变更第(1)项诉讼请求为:安邦、神州租车合肥分公司、神州租车公司连带赔偿其医疗费11450.18元、死亡赔偿金996743.04元、丧葬费42344元、交通费500元、精神损害抚慰金50000元、亲属处理丧葬事宜的误工费4500元,合计1105537.22元。

一审法院认定事实:(一)事实部分。(1)事故发生时间:2020年3月18日6时04分左右。(2)事发地点:苏州市吴中区木渎镇金枫南路金长路路口。(3)事发经过:安邦驾驶皖AEP×××小型普通客车沿苏州市吴中区金枫南路由北向南行驶,当行驶至金枫南路金长路路口时,车辆在路口信号灯红灯时通过路口,将由东向西驾驶电动自行车的严阿四(1958年出生)撞倒,造成两车不同程度受损,严阿四倒地受伤。严阿四后经医院抢救无效当日死亡。皖AEP×××小型普通客车经鉴定转向系、制动系、行驶系、照明系未见异常,符合GB 7258-2017《机动车运行安全技术条件》的基本要求。(4)责任认定:安邦承担本事故的全部责任,严阿四无责。(5)车辆所有权及投保情况:皖AEP×××

小型普通客车登记在神州租车合肥分公司名下，该车在人保昆明分公司投保了交强险、50000元商业三者险含不计免赔，事故发生在上述保险期间内。(6)死者严阿四家庭成员情况：严阿四与李爱芳系夫妻关系，二人共生育两女一子，分别系朱雪凤、朱水凤、严叶青，严阿四父母均已先于严阿四去世。(7)安邦于2020年1月6日取得驾驶证，实习期至2021年1月5日。安邦于2020年3月16日通过神州租车公司的租车App租赁了皖AEP×××车辆，取车城市为上海市。神州租车合同中并未对车辆投保情况进行提示说明，也未提示安邦不能单独驾驶该车辆上高速行驶等。神州租车合肥分公司系神州租车公司的分公司。神州租车公司确认其系涉案车辆出租方。安邦在公安机关的讯问笔录中陈述，其于2020年3月16日通过神州租车App租赁了皖AEP×××小型普通客车开回老家，又从老家拼车群里联系了三个人，约定其将该三人分别送至吴中、太仓和上海，三人向其支付路费。从老家到苏州，一路上都是其驾驶车辆的，行程大约1000多公里，开了十多个小时。2020年3月18日早上，其到吴中区金枫南路送完一个乘客后往北开调头，再向南行驶，准备上高架，行驶到路口时，其迷糊、犯困没有注意到信号灯就撞倒了严阿四驾驶的电动车。上述事实，由李爱芳方提供的道路交通事故认定书、驾驶证复印件、行驶证复印件、保单复印件、火化证明、死亡证明、死亡记录、户籍注销证明、户表、工商登记信息，神州租车合肥分公司、神州租车公司提供的租车订单、神州租车服务合同打印件及一审法院调取的讯问笔录、庭审笔录等予以证实。(二)损失核定部分。(1)医疗费：一审法院核定为11250.18元。(2)死亡赔偿金：一审法院核定为996743.04元。(3)丧葬费：一审法院核定为42344元。(4)精神损害抚慰金：一审法院根据责任认定核定为50000元。(5)办理丧葬事宜人员的误工损失：李爱芳方主张4500元。一审法院按3人7天，每天100元，酌定为2100元。(6)办理丧葬事宜人员的交通费：一审法院酌定为500元。

综上，李爱芳等因本起事故造成严阿四死亡产生的损失为1102937.22元。李爱芳等认为，神州租车合肥分公司系皖AEP×××小型普通客车的所有人，应与安邦承担连带赔偿责任。神州租车公司系神州租车合肥分公司的总公司，且确认系涉案车辆实际出租人，神州租车公司在出租过程中存在过错也应承担连带赔偿责任。

一审法院认为，机动车与非机动车之间发生交通事故造成人身伤害、财产损失的，由保险公司在机动车交通事故强制保险责任限额范围内予以赔偿，超过交强险责任限额的部分，非机动车驾驶人没有过错的，由机动车一方承担赔偿责任。李爱芳等系严阿四的第一顺位继承人，其有权在本案中主张权利。根据《道路交通事故认定书》认定，安邦负事故全部责任，严阿四无责，安邦驾驶的皖 AEP×××小型普通客车在人保昆明分公司投保了交强险及 50000 元商业三者险含不计免赔险，事故发生在上述保险期间内，故李爱芳等的损失应先由人保昆明分公司在交强险及商业险限额内赔偿 170000 元，超出交强险的损失 932937.22 元，由侵权人予以赔偿。

关于神州租车合肥分公司、神州租车公司是否需要承担赔偿责任。一审法院认为，神州租车合肥分公司作为涉案车辆的所有人，其提供符合行驶条件的车辆作为出租车辆使用，对事故发生并无过错，故李爱芳等要求神州租车合肥分公司承担连带赔偿责任的诉讼请求，一审法院不予支持。神州租车公司作为涉案车辆的出租方，其在租车合同中并未提示说明涉案车辆商业三者险实际投保金额仅为 50000 元，亦未提供其他证据证明其向安邦告知过涉案车辆的投保金额，使安邦对承租车辆的投保状况陷入未知状态，在使用承租汽车出行时对其风险承担处于不尽知状态。神州租车公司作为汽车出租方向不特定人提供租赁服务，却未在服务协议中明确提示告知出租车辆的实际投保情况，该行为违反诚实信用和公平原则，且不利于行业规范健康发展。另外，安邦于 2020 年 1 月 6 日才取得驾驶证，事发时其仍处于实习期内，根据《机动车驾驶证申领和使用规定》第七十五条的规定，驾驶人在实习期内驾驶机动车上高速公路行驶，应当由持相应或者更高准驾车型驾驶证三年以上的驾驶人陪同。而神州租车公司作为专业的出租公司在审查安邦驾驶证后即将车辆出租给其，未尽到安全提示义务，故一审法院酌定神州租车公司对李爱芳等超过保险限额损失应承担 30% 的赔偿责任即 279881.17 元。安邦承租涉案车辆后，驾车发生本起事故，其对事故发生存在过错，故超出保险限额剩余 70% 的损失 653056.05 元的赔偿责任应由安邦承担。

据此，依照《中华人民共和国侵权责任法》第六条、第四十八条、第四十九条，《中华人民共和国道路交通安全法》第七十六条，《最高人民法院关于审理道路交通事故损害赔偿案件适用法律若干问题的解释》第十六条，《最高人民法院关于审理人身损害赔偿案件适用法律若干问题的解释》第一条、第十七条、第十八条、第十九条、第二十条、第二十二条、第二十七条、第二十九条之规定，判决：（一）人保昆明分公司于判决生效之日起十日内赔偿李爱芳、严叶青、朱雪凤、朱水凤人民币 170000 元；（二）安邦于判决生效之日起十日内赔偿李爱芳、严叶青、朱雪凤、朱水凤人民币 653056.05 元；（三）神州租车公司于判决生效之日起十日内赔偿李爱芳、严叶青、朱雪凤、朱水凤人民币 279881.17 元；

(四)驳回李爱芳、严叶青、朱雪凤、朱水凤的其他诉讼请求。案件受理费减半收取人民币2964元、财产保全费人民币5000元,合计人民币7964元,由李爱芳、严叶青、朱雪凤、朱水凤负担人民币25元,由安邦负担人民币5557元,由神州租车公司负担人民币2382元。

二审中,本院询问神州租车公司有无相应经营许可以及对于出租车辆有无卫星定位等监控手段,神州租车公司向本院提交了北京市汽车租赁经营备案证及副本复印件一份,以及公司内部对于车辆的卫星定位截图一份。李爱芳、严叶青、朱雪凤、朱水凤质证称,对于两份证据的真实性没有异议。GPS行车轨迹说明公司对于车辆的行驶轨迹是掌握的,也就是说,安邦在24小时内行驶了2000公里的情况是明知的,而且也知道大部分是在高速上行驶的。上诉人明知安邦的驾驶证尚在实习期内,但未制止其违法驾驶的行为,任由危险发生,对于事故的发生神州租车公司有相当大的过错。本院对上述证据的真实性予以认定,本院查明,上述卫星定位截图可以显示涉案车辆在事故当天的地图行驶轨迹。

本院另补充查明如下事实:打开上诉人神州租车公司的手机端租车软件“神州租车”,以及用手机登录神州租车网站(www.zuche.com),均可以在其上的“帮助中心”页面中找到保险责任的内容,其中均载明承租期间发生事故的可享有200000元的第三者责任险。根据神州租车公司、神州租车合肥分公司提供的租车服务合同,该合同第4.1条约定“租赁车辆购置了相关保险,如车辆在租赁期间出险,乙方可享受神州租车网站(www.zuche.com)公示的相关保险保障(具体投保险种以生效保单为准)”。二审庭审调查中,神州租车公司亦陈述其在公司网站上公示的保险内容为交强险及商业三者险20万元不计免赔。

二审经审理查明的其他事实与一审判决查明的事实一致,本院予以确认。

本院认为,本案二审的争议焦点为神州租车公司是否应当承担赔偿责任。首先,本案中,神州租车公司在其自行提供的租车服务合同中注明承租人可享受神州租车网站公示的相关保险保障(具体投保险种以生效保单为准),神州租车公司未举证证明其在出租时向承租人提供了保单,而神州租车官方租车软件和官网上公示其为车辆投保了200000元的第三者责任险,本院认为,该公示属于租车服务合同的内容,对合同双方具有约束力。根据一审查明事实,神州租车公司实际仅为涉案出租车辆投保了50000元的商业三者险,与其在租车服务合同上承诺的保险额度明显不一致。根据《最高人民法院关于审理道路交通事故损害赔偿案件适用法律若干问题的解释》第十六条的规定,机动车发生交通事故造成损害,应当先由承保交强险的保险公司在责任限额范围内予以赔偿；不足部分，由承保商业三者险的保险公司根据保险合同予以赔偿；仍有不足的，依照道路交通安全法和侵权责任法的相关规定由侵权人予以赔偿。车辆商业三者险的作用本是在被保险车辆发生交通事故时，对受害的第三人给付赔偿金，从而达到分担侵权人风险和填补受害人损失的作用。现神州租车公司未依约投保的行为明显损害了承租人安邦和本案死者家属的利益，其应当承担相应的赔偿责任。虽本案系机动车交通事故责任纠纷，然安邦已于2020年3月31日因刑事犯罪嫌疑被公安机关逮捕，神州租车公司未足额为安邦购买商业三者险，应当补足未投保相应的保险份额，而投保的保险份额直接关系最后的责任分摊，从保护受害人和节约诉讼资源的角度出发，本院认为上述问题有必要在本案中一并处理。本案李爱芳、严叶青、朱雪凤、朱水凤的损失应当先由承保涉案车辆交强险和商业险的人保昆明分公司在保险限额内承担赔偿，对于超过保险限额的损失，由神州租车公司先在其承诺而未履行的投保商业三者险的范围内，也即在150000元内承担赔偿责任。

其次，根据《中华人民共和国侵权责任法》第四十九条之规定，因租赁、借用等情形机动车所有人与使用人不是同一人，发生交通事故后属于该机动车一方责任的，机动车所有人对损害的发生有过错的，承担相应的赔偿责任。《最高人民法院关于审理道路交通事故损害赔偿案件适用法律若干问题的解释》第一条规定："机动车发生交通事故造成损害，机动车所有人或者管理人有下列情形之一，人民法院应当认定其对损害的发生有过错，并适用侵权责任法第四十九条的规定确定其相应的赔偿责任：（一）知道或者应当知道机动车存在缺陷，且该缺陷是交通事故发生原因之一的；（二）知道或者应当知道驾驶人无驾驶资格或者未取得相应驾驶资格的；（三）知道或者应当知道驾驶人因饮酒、服用国家管制的精神药品或者麻醉药品，或者患有妨碍安全驾驶机动车的疾病等依法不能驾驶机动车的；（四）其他应当认定机动车所有人或者管理人有过错的。"本案中，肇事的皖AEP×××号小客车由安邦向神州租车公司租赁来使用，神州租车公司为该车的出租方和管理方。神州租车公司的出租时依规定审查了承租人安邦的驾驶证，应当知晓安邦的驾驶证于2020年1月6日取得，承租时尚处于实习期内。依照《机动车驾驶证申领和使用规定》（公安部令第139号）第七十五条之规定，驾驶人在实习期内驾驶机动车上高速公路行驶，应当由持相应或者更高准驾车型驾驶证三年以上的驾驶人陪同。本案中，根据交警对安邦的讯问笔录，安邦于2020年3月16日在上海租车开回老家河南，又于3月17日从老家载了三个人到江苏，分别送至吴中、太仓和上海，从河南到苏州行程大约1000多公里，十多个小时，一路上都是其驾驶车辆。安邦在回答警方讯问时称其事发时“早上比较迷糊、犯困，没有注意看路口信号灯，于是撞了车”。本院认为，神州租车公司作为专业的汽车租赁公司，其在专业知识、危险防范能力等方面要高于一般的出借人和出租人，因此在判断其过错时也应更加严格。本案中，安邦在两天内往返于河南和苏州，在驾驶证尚在实习期的情况下独自上高速长距离、长时间地行驶，该行为极易导致驾驶人疲劳而引发事故，与本案事故发生有重要的关联性。神州租车公司知晓承租人安邦所持为实习期驾驶证，并且根据其提供的车辆行驶轨迹截图亦说明其能够知悉安邦的前述违规驾驶行为，应当预见到车辆由安邦长时间在高速上驾驶可能会产生危险，但神州租车公司未举证证明其对安邦进行了安全提示，或者对车辆采取了相应控制手段使安邦不得违规上高速行驶。因此，本院认为神州租车公司对本案事故的发生具有一定的过错，本院酌定神州租车公司对李爱芳等超过保险限额及前述150000元部分的损失承担20%的赔偿责任。

对于李爱芳等人的损失金额，各方当事人均无异议，本院予以确认。因此，本院认定，李爱芳、严叶青、朱雪凤、朱水凤因本起交通事故造成严阿四死产生的损失为1102937.22元，由人保昆明分公司在交强险及商业险限额内赔偿170000元，超出保险限额的932937.22元，首先由神州租车公司承担150000元，剩余的782937.22元，由神州租车公司承担20%即156587.44元，由安邦负担626349.78元，上述神州租车公司总计应支付李爱芳、严叶青、朱雪凤、朱水凤赔偿额306587.44元。

综上，上诉人的上诉理由缺少事实和法律依据，本院不予支持。一审法院部分事实未查清，对神州租车公司在本案中的赔偿责任实体处理不妥，本院予以调整。据此，依照《中华人民共和国侵权责任法》第六条、第四十八条、第四十九条，《中华人民共和国道路交通安全法》第七十六条，《最高人民法院关于审理道路交通事故损害赔偿案件适用法律若干问题的解释》第一条、第十六条，《最高人民法院关于审理人身损害赔偿案件适用法律若干问题的解释》第一条、第十七条、第十八条、第十九条、第二十条、第二十二条、第二十七条、第二十九条，《中华人民共和国民事诉讼法》第一百七十条第一款第三项的规定，判决如下：

一、撤销苏州市吴中区人民法院(2020)苏0506民初2143号民事判决；

二、中国人民财产保险股份有限公司昆明市分公司于本判决生效之日起十日内赔偿李爱芳、严叶青、朱雪凤、朱水凤人民币170000元；

三、安邦于本判决生效之日起十日内

赔偿李爱芳、严叶青、朱雪凤、朱水凤人民币 626349.78 元;

四、北京神州汽车租赁有限公司于本判决生效之日起十日内赔偿李爱芳、严叶青、朱雪凤、朱水凤人民币 306587.44 元;

五、驳回李爱芳、严叶青、朱雪凤、朱水凤的其他诉讼请求。

一审案件受理费减半收取人民币 2964 元、财产保全费人民币 5000 元,合计人民币 7964 元,由李爱芳、严叶青、朱雪凤、朱水凤负担 19 元,安邦负担 5334 元,神州租车公司负担 2611 元。二审案件受理费人民币 1800 元,由李爱芳、严叶青、朱雪凤、朱水凤负担 4 元,安邦负担 1206 元,神州租车公司负担 590 元。一、二审诉讼费用,由各方当事人在履行本判决时一并互相结算。

本判决为终审判决。

审判长　潘　亮
审判员　张　蕾
审判员　顾　平

二〇二〇年十二月一日

法官助理　林晨晖
书记员　孙蕴仪

江苏省人民代表大会常务委员会任免名单

（2022年7月29日江苏省第十三届人民代表大会
常务委员会第三十一次会议通过）

任命谭筱清为南京海事法院审判委员会委员、审判员；

任命刘尚雷为省高级人民法院立案庭副庭长；

任命贾冰一为省高级人民法院刑事审判第一庭副庭长；

任命尚召生为省高级人民法院刑事审判第二庭副庭长；

任命王芬为省高级人民法院民事审判第四庭副庭长；

任命衣硕朋为省高级人民法院民事审判第五庭副庭长、审判员；

任命张松波、陆媛为省高级人民法院行政审判庭副庭长；

任命孔萍为省高级人民法院执行裁判庭副庭长；

免去葛晓明、罗荣辉的省高级人民法院审判员职务；

免去周广滨的南京海事法院审判员职务。